테마별 실무서 16

금융소득 세무

🛡 한국세무사회

발간사

세무사는 공공성있는 세무전문가로 납세자권익 보호와 성실한 납세의무 이행에 이바지하는 사명이 있습니다. 이 때문에 세무사는 모름지기 높은 전문성과 책임성을 갖춰야 하고 이를 위한 연구와 교육은 아무리 강조해도 지나치지 않습니다.

한국세무사회는 그동안 많은 세법책과 실무서를 발간하면서 회원의 전문성과 책임성을 함양하기 위해 노력해왔습니다. 하지만 회원보다는 관성적인 출판에 그치고 저자 편의가 앞서 사업현장의 회원님을 만족시키는데 부족함이 참 많았습니다.

제33, 34대 한국세무사회는 도서출판까지 혁신하여 사업현장의 회원들의 직무 요령, 리스크 관리 및 컨설팅기법 등을 망라해 회원들이 책상머리에 두고 무시로 회원을 돕는 '실사구시 지침서'를 어떻게 마련할지 고민해왔습니다.

그 결과 세목별 기본서, 신고실무도 회원친화적으로 형식과 콘텐츠도 바꾸고 회원님이 전문적인 핵심직무를 수행할 때 유용한 길잡이가 될 '테마별 실무서 시리즈'를 새롭게 내게 되었습니다.

'한국세무사회 테마별 실무서'는 사업현장에서 부딪히는 핵심주제 50개를 추출하고 각 테마마다 최고의 전문가가 참여하여 관계법령, 예규 및 판례의 나열 아닌 직무요령과 리스크 관리, 컨설팅 기법 등 권위있는 전문 집필자의 노하우까지 담아냈습니다.

조세출판사에 큰 획을 그을 책이 될 '한국세무사회 테마별 실무서 시리즈'가 앞으로 개정과 증보를 거듭하면서 사업현장의 회원님을 최고의 조세전문가로 완성시키는 기념비적인 책이 되리라 믿어 의심치 않습니다.

어려운 여건에도 남다른 열정과 전문성으로 '한국세무사회 테마별 실무서'가 탄생하는데 함께해주시는 집필진 세무사님과 한국세무사회 도서출판위원회 위원님께 고마움을 전합니다.

2025년 9월

한국세무사회 회장 구재이

CONTENTS

금융소득 세무

>>>> **제1장 · 소득세 및 금융소득 종합과세 개요** ········· 9
  제1절 소득세 과세제도 ········· 9
    1. 소득세 납세의무자 ········· 9
    2. 우리나라의 소득세 과세방식 ········· 10
  제2절 이자소득 및 배당소득에 대한 금융소득 종합과세 ········ 11
    1. 금융소득의 종류 ········· 11
    2. 금융소득 종합과세 제도 및 적용소득 ········· 11
    3. 금융소득 종합과세 관련 용어 해설 ········· 12

>>>> **제2장 · 이자소득** ········· 15
  1. 이자소득 과세대상 금융상품 ········· 15
  2. 이자소득세 비과세 금융상품 ········· 28
  3. 이자소득 분리과세 금융상품 및 원천징수 세율 ········· 41
    (1) 소득세법에 규정한 분리과세 이자소득 ········· 42
    (2) 조세특례제한법에 규정한 분리과세 이자소득 ········· 42
    (3) 금융실명거래법에 의한 분리과세 이자소득 ········· 47
  4. 이자소득의 수입시기 및 원천징수세율 ········· 49
    (1) 이자소득의 수입시기 ········· 49
    (2) 원천징수의무자 ········· 53
    (3) 원천징수시기 ········· 54
    (4) 원천징수세율 ········· 54
  5. 이자소득금액의 산출 ········· 56

제3장 • 배당소득 ··· 57
  1. 배당소득 과세대상 금융상품 ··································· 57
  2. 배당소득세 비과세 금융상품 ··································· 68
  3. 배당소득세가 면제 또는 감면되는 소득 ··················· 74
  4. 배당소득 분리과세 금융상품 및 원천징수세율 ········· 79
  5. 배당소득의 수입시기 및 원천징수, 원천징수세율 ····· 85
    (1) 배당소득의 수입시기 ··· 85
    (2) 배당소득 원천징수의무자 ·································· 87
    (3) 배당소득에 대한 원천징수시기 ·························· 88
    (4) 배당소득에 대한 원천징수세율 ·························· 90
    (5) 배당소득금액의 산출 ··· 91

제4장 • 배당소득에 대한 이중과세 조정 ················· 93
  1. 이중과세조정(Gross-Up)에 대한 개념 ····················· 93
  2. 배당소득의 형태별 Gross-up 판정 ·························· 94
  3. 잉여금의 자본전입에 따른 의제배당 및 Gross-up 판정 ···· 97

제5장 • 금융소득 종합과세 ···································· 99
  제1절 금융소득 종합과세 개요 ···································· 99
    1. 금융소득 종합과세에 따른 납세의무자 ··············· 101
      (1) 거주자 ·· 101
      (2) 비거주자 ·· 101

CONTENTS

    2. 금융소득 종합과세에 대한 과세기간 ········· 102
제2절 금융소득 종합과세 판단 실무 ············· 103
    1. 금융소득 종합과세 대상에서 제외하는 이자소득 및 배당소득 ········· 103
        (1) 비과세 금융소득 ········· 103
        (2) 분리과세 금융소득 ········· 104
    2. 금융소득 종합과세 판정 사례 ········· 106
        (1) 개요 ········· 106
        (2) 금융소득 종합과세 판정 사례 ········· 107
    3. 금융소득 종합과세시의 세액계산 특례 ········· 111
        (1) 금융소득이 연간 2,000만원을 초과하는 경우 소득세 산출세액 ········· 113
        (2) 금융소득이 연간 2,000만원 이하인 경우 소득세 산출세액 ········· 115
    4. 금융소득 종합과세 계산 사례 ········· 115

〉〉〉 제6장 · 이자소득 지급명세서 및 배당소득 지급명세서 ········· 119
    1. 이자소득 및 배당소득 지급명세서 제출 ········· 119
        (1) 이자소득 지급명세서, 배당소득 지급명세서 제출의무자 ········· 119
        (2) 지급명세서 제출방법 ········· 120
    2. 지급명세서 관련 가산세 ········· 120
        (1) 지급명세서 미제출 가산세 ········· 120
        (2) 지급명세서 불분명 가산세 ········· 120
    3. 원천징수영수증의 발급 ········· 121
        (1) 원천징수영수증의 의무발급 ········· 121
        (2) 원천징수영수증 교부특례 ········· 121

　　　　(3) 원천징수영수증 발급 면제 ·················· 122
　　4. 금융소득 본인통보제도 ···························· 122
　　　　(1) 개요 ··· 122
　　　　(2) 통보 방법 ···································· 122

제7장 ・ 예금자 보호법에 대한 이해 ················ 123
　　1. 예금자 보호금융상품의 원금과 이자 ················ 123
　　2. 금융회사별 예금자 보호 금융상품과 비보호 금융상품 ······ 124
　　　　(1) 예금자 보호 금융상품 ·························· 124
　　　　(2) 예금자 비보호 금융상품 ······················· 125

제1장 소득세 및 금융소득 종합과세 개요

제1절 소득세 과세제도

1. 소득세 납세의무자

-. 거주자 : 국내 및 해외에서 발생한 소득에 대하여 개인은 무제한 납세의무를 지게 되며, 소득세 납세지는 소득자의 주소지(주소지가 없는 경우 거소지) 관할세무서이다.

  ※ 법인 아닌 단체 중 법인으로 보는 단체 외의 법인 아닌 단체는 개인으로 보아 소득세 납세의무자가 되며, 종중, 동문회, 동창회, 친목회, 등록되지 않는 종교기관 등이 이에 해당한다.

-. 비거주자 : 국내에서 발생한 국내원천소득에 대해서만 개인은 우리나라의 세법상 소득세에 대한 제한납세의무를 지게 되며, 소득세 납세지는 거소지(거소가 없는 경우 국내사업장 소재지, 국내사업장이 없는 경우 국내원천소득이 발생하는 장소) 관할세무서이다.

2. 우리나라의 소득세 과세방식

현행 우리나라 소득세법상의 소득은 크게 종합과세소득과 분류과세소득으로 분류하고 있으며, 종합과세소득은 이자소득, 배당소득, 사업소득, 근로소득, 연금소득, 기타소득 등 6가지가 있으며, 분류과세소득은 퇴직소득, 양도소득 등 2가지가 있다. 현행 소득세법은 소득의 종류를 열거하고 있으며, 원칙적으로 그 열거된 소득에 대해서만 소득세를 과세하는 열거주의 과세방식을 취하고 있다.

그러나 금융상품의 다변화 및 복잡화 등으로 인해 소득세법 등에서 열거한 이자소득 및 배당소득 과세대상만으로 소득세를 과세하는 것이 쉽지 않음에 따라 종합소득 중 이자소득과 배당소득, 연금소득에 대하여는 열거된 소득뿐만 아니라 유사한 성격이 있는 경우 과세대상으로 소득세를 과세할 수 있는 유형별 포괄주의 과세방식을 취하고 있다.

소득세는 개인(법인 아닌 단체 등)의 1년 동안의 발생소득에 대하여 다음해 5월(성실신고대상자는 6월) 말일까지 소득을 합산하여 소득자인 개인 등의 주소지 관할세무서에 소득을 합산하여 소득세 확정 신고 납부를 해야 한다.

다만, 다음에 해당하는 자는 지급자가 소득세를 원천징수함에 따라 완납적 원천징수에 해당함으로 종합소득세 확정 신고 납부의무가 없다.(소법 제73조)
- -. 근로소득만 있는 자
- -. 공적연금소득만 있는 자
- -. 원천징수되는 사업소득으로서 대통령령이 정하는 사업소득만 있는 자
- -. 원천징수되는 기타소득으로서 종교인 소득만 있는 자
- -. 퇴직소득만 있는 자
- -. 근로소득과 퇴직소득만 있는 자
- -. 공적연금소득과 퇴직소득만 있는 자
- -. 대통령령이 정하는 사업소득과 퇴직소득만 있는 자
- -. 원천징수되는 기타소득으로서 종교인소득과 퇴직소득만 있는 자
- -. 분리과세 이자소득, 분리과세 배당소득, 분리과세 연금소득, 분리과세 기타소득만 있는 자
- -. 수시부과 후 추가로 발생한 소득이 없는 경우

참고로, 소득세분 지방소득세는 소득자의 개인 등의 주소지 관할 지방자치단체에 5월(성실신고대상자는 6월) 말일까지 해야 한다. 이 경우 지방세법 제95조 제④항 규정에 따라 2023.01.01. 이후 토지 등의 매매차익(수정신고는 제외)을 신고하거나 또는 종합소득, 퇴직소득 확정신고분(수정신고는 제외)부터 종합소득 또는 퇴직소득에 대한 확정 신고 납부 시 지방소득세 납부할세액이 100만원 초과 시 2개월 내에서 분납이 가능하다.

제2절 이자소득 및 배당소득에 대한 금융소득 종합과세

1. 금융소득의 종류

금융소득 이란 이자소득과 배당소득을 말하는 것이다.

* 개인이 사업자금, 부동산 또는 부동산상의 권리 등을 대여하고 임대보증금 또는 전세보증금, 월세 등을 수령하여 은행 등의 금융회사에 예치 또는 채권, 증권 등을 취득하여 발생하는 이자소득 및 배당소득은 사업소득 또는 부동산임대소득으로 과세하는 것이 아니라 이자소득 및 배당소득으로 과세하는 것이다.
한편, 개인이 국내 및 해외채권을 취득하여 양도하는 경우 발생하는 채권매매차손익 및 소액주주로서 국내 상장주식을 장내에서 유상양도하는 경우 발생하는 상장주식 양도차익 또는 양도차손에 대해서는 소득세가 과세되지 않는다.

2. 금융소득 종합과세 제도 및 적용소득

거주자인 개인에게 당해 과세기간에 발생한 이자소득과 배당소득의 연간 합계액이 2,000만원을 초과하는 금융소득이 발생한 경우 다음해 5월(성실신고대상자는 6월) 말일까지 소득자인 개인의 주소지 관할세무서에 다른 종합소득과 합산하여 소득세 확정 신고 납부를 해야 한다.

이 경우 거주자인 개인 등에게 귀속되는 비과세 및 분리과세 이자소득과 배당소득은 금융소득 종합과세 기준금액 판단 시 제외된다. 금융소득 종합과세 제도는 1996년과 1997년에 부부 합산 연간 금융소득 4,000만원을 초과하는 경우에 적용되는 것으로 하여 실시하던 중에 IMF 경제위기로 1998년부터 그 시행이 유보되었다가 2001년부터 재시행 되었으므로 2000년까지 발생한 금융소득에 대해서는 비록 2,000만원을 초과하더라도 금융소득 종합과세 대상에 해당되지 않는 것이다.

이에 따라 금융소득 종합과세는 2001.01.01. 이후 발생하여 지급하는 소득분부터 적용하는 것이며 현재까지 시행되고 있다.

3. 금융소득 종합과세 관련 용어 해설

소득세법에서 규정하고 있는 이자소득 및 배당소득의 범위와 종류, 비과세 또는 분리과세 이자소득 및 배당소득, 이자 및 배당소득의 수입시기, 원천징수, 배당소득에 대한 이중과세 조정, 금융소득 종합과세 등에 대한 기본적인 개념 및 금융용어 등에 대한 내용을 설명하기로 한다.

[용어 정리]

1. **이자소득**: 금전을 대여하고 받는 대가를 '이자'라고 하며, 소득세법상의 과세대상이 되는 이자소득은 예·적금 이자, 국·공·회사채의 이자, 비영업대금의 이자 등 열거된 소득뿐만 아니라 이와 유사한 소득으로서 금전 사용에 따른 대가의 성격이 있는 것을 이자소득으로 과세하는 '유형별 포괄주의' 과세방식을 취하고 있다.
2. **이자와 할인액**: '이자'란 채권 등의 표면금액에 약정이자율을 적용하여 계산한 금액을 말하며, '할인액'이란 채권 등을 액면가액보다 할인발행한 경우 채권 만기시의 상환금액과 채권 발행가액과의 차이를 말한다.
3. **배당소득**: 내국법인 또는 외국법인이나 법인으로 보는 단체로부터 주주(또는 사원)들이 투자 비율에 따라 분배받는 이익을 '배당'이라고 하며, 현행 소득세법의 과세대상 배당에는 실질배당, 의제배당, 인정배당의 3가지 종류가 있다. 배당소득 또한 소득세법상 열거된 것뿐만 아니라 이와 유사한 소득으로서 수익분배의 성격이 있는 것을 배당소득으로 과세하는 '유형별 포괄주의' 과세방식을 취하고 있다.
4. **실질배당**: 법인 또는 법인으로 보는 단체로부터 주주 또는 출자자들이 주주총회(또는 사원총회) 결의에 따라 이익(또는 잉여금)처분을 받아 배당받는 것을 말한다. 이익 처분에 따라 주로 현금 또는 주식으로 배당받는 것이 여기에 해당된다.
5. **의제배당**: 주주총회(또는 사원총회)의 결의를 거치는 실질배당과는 달리 법인에서 주주(또는 사원), 기타 출자자들에게 배당한 것과 같은 동일한 경제적 효과를 발생시키는 것

으로서 그 경제적 이익을 배당으로 간주하는 것을 말한다. 감자·해산·합병·분할로 인하여 받는 대가에서 해당 법인의 주식을 취득하기 위한 가액을 초과하는 금액을 말한다.
6. **인정배당**: 실질배당 또는 의제배당과는 달리 법인세 과세표준의 신고 또는 과세관청의 법인세 과세표준의 결정·경정에 의한 소득처분을 받아 익금산입 또는 손금불산입한 금액이 주주 또는 출자자에게 귀속된 것으로 보는 경우 그 귀속되는 금액을 말한다.
7. **당연 종합과세 금융소득**: 무조건 종합과세 금융소득이라고도 하며, 거주자인 개인의 연간 금융소득 2,000만원 초과 여부에 관계없이 종합소득에 합산되는 금융소득을 말한다. 비영업대금의 이익(일명 '사채이자'의 경우와 같이 국내에서 원천징수되지 않는 이자소득 및 배당소득, 국외에서 받는 이자 및 배당소득으로서 원천징수되지 아니한 것, 출자공동사업자의 배당소득은 금액 크기 여부에 관계없이 종합소득에 합산되어 과세된다.
8. **무조건 분리과세 금융소득**: 국내에서 지급받는 이자 및 배당소득 중 금액에 관계없이 종합소득에 합산하지 않고 금융회사 등이 지급시점에 완납적 원천징수로써 과세가 종결되는 금융소득을 말한다. 분리과세를 신청한 장기채권의 이자와 할인액, 직장공제회 초과반환금, 금융회사 또는 금융회사가 아닌 회사에서 지급하는 비실명 이자 및 배당소득, 법원보관금에서 발생하는 이자소득, 1거주자로 보는 법인격없는 단체가 금융회사 등으로부터 받는 이자 및 배당소득, 조세특례제한법상 분리과세 되는 이자 및 배당소득 등이 있다.
9. **조건부 종합과세 금융소득**: 비과세 금융소득 및 무조건 분리과세 금융소득 이외의 이자 및 Gross-up 하기 이전의 배당소득(출자공동사업자의 배당소득은 제외)의 연간 합계액이 2,000만원 이하인 경우 분리과세 되며, 2,000만원을 초과하는 경우 종합과세 되는 금융소득을 말한다.
10. **금융소득 종합과세 기준금액**: 개인의 금융소득(=이자소득 및 배당소득)을 종합소득에 합산하여 과세하기 위한 기준이 되는 금액을 말하는 것으로서, 2013년 귀속분부터 연간 금융소득 2,000만원을 기준으로 삼고 있다. 개인의 이자 및 배당소득(Gross-up을 하기 이전의 금액을 말함)의 합계액이 연간 2,000만원을 초과하는 경우 기본세율(15~42%)로 종합과세가 되며, 연간 2,000만원 이하인 경우 14% 세율로 분리과세 된다.
　금융소득 종합과세 기준금액 2,000만원을 판정 시 비과세 금융소득 및 무조건 분리과세 금융소득은 금융소득 종합과세금액에 포함하지 않으며, 배당소득은 Gross-up을 하기 이전의 금액을 말한다.
11. **원천징수 되지 않는 국외금융소득**: 국외에서 수령하는 이자소득 및 배당소득으로서 국내 세법상으로 원천징수 되지 않는 것을 말한다. 거주자인 개인이 국외에서 금융상품에 가입하고 받는 이자 및 배당소득은 외국의 세법으로는 원천징수를 할 수 있겠지만, 한국의 세법으로 원천징수하는 것이 아니므로 국외 금융소득은 금융소득 종합과세 기준금액과 관계없이 무조건 종합과세를 하는 것이다.

12. **직장공제회**: 민법 제32조 또는 그 밖의 법률에 따라 설립된 공제회·공제조합(이와 유사한 단체를 포함한다)으로서 동일 직장이나 직종에 종사하는 근로자의 생활안정, 복리증진 또는 상호부조 등을 목적으로 구성된 단체를 말한다.
    직장공제회는 법률에 근거하여 설립되며 대표적으로 경찰공제회, 과학기술인공제회, 군인공제회, 대한소방공제회, 세우회, 한국교직원공제회, 행정공제회 등이 있다.
13. **환매조건부매매**: 일정기간이 경과한 이후에 약정에 따라 일정한 가격으로 동일한 채권, 증권 등을 다시 매수하거나 또는 다시 매도할 것을 조건으로 한 채권, 증권의 매매방식으로서, 은행, 증권회사 투자매매업자, 투자중개업자, 우체국 등에서 취급하고 있다.

제2장 이자소득

1. 이자소득 과세대상 금융상품

'이자'란 금전을 대여하고 받는 대가를 말하는 것으로서 법률 규정에 근거하여 발생하는 '**법정이자**'와 당사자간의 계약행위에 근거하여 받는 '**약정이자**'가 있으며, 금전 대여 등에 따른 대가를 이자라는 명칭 이외에 예금, 할부금, 수수료, 공제금, 체당금, 소개료 기타의 명목 등 그 명칭여하에 불구하고 모두 이자의 범위에 포함한다[1].

소득세법상 이자소득은 **원칙**적으로 **열거주의 과세방식**을 취하고 있어 과세대상을 소득세법에 열거하고 있으며, 열거된 소득 외에 이자와 유사한 소득으로서 금전 사용에 따른 대가의 성격이 있는 경우에도 과세하는 '유형별 포괄주의 과세' 방식을 예외적으로 취하고 있다. 2002년 01월 01일 귀속분부터 이자소득에 대하여 **유형별 포괄주의**를 도입하여 과세하고 있다. 소득세법상의 이자소득이란 당해 과세기간에 발생된 다음 각 호의 것을 말한다(소법 제16조 ①).

> 1. 국가, 지방자치단체가 발행한 채권 또는 증권의 이자 및 할인액
> 2. 내국법인이 발행한 채권 또는 증권의 이자와 할인액
> 3. 국내에서 받는 예금·적금·부금·예탁금과 우편대체의 이자

---

[1] 김완석, 2006, 소득세법론, 광교이택스, p168

4. 상호저축은행법에 의한 상호신용계 또는 신용부금으로 인한 이익
5. 외국법인의 국내지점 또는 국내영업소에서 발행한 채권이나 증권의 이자와 할인액
6. 외국법인이 발행한 채권 또는 증권의 이자와 할인액
7. 국외에서 받는 예금의 이자
8. 채권 또는 증권의 환매조건부 매매차익(RP)
9. 저축성보험의 보험차익
10. 직장공제회 초과반환금
11. 비영업대금의 이익
12. 위 제1호부터 제11호까지의 소득과 유사한 소득으로서 금전 사용에 따른 대가의 성격이 있는 것(2002.01.01. 이후 최초 발생한 소득 분부터 '유형별 포괄주의' 과세)
13. 위 제1호부터 제12호까지의 규정 중 어느 하나에 해당하는 소득을 발생시키는 거래, 행위와 「자본시장과 금융투자업에 관한 법률」 제5조 규정에 따른 파생상품이 결합된 경우 해당 파생상품의 거래, 행위로부터의 이익(이를 '이자부상품 결합 파생상품의 이익'이라고 한다)

위에서 열거한 각 호별 이자소득의 종류에 대하여 보다 자세한 내용을 살펴보기로 한다.

가. 국가, 지방자치단체가 발행한 채권 또는 증권의 이자 및 할인액, 내국법인이 발행한 채권 또는 증권의 이자와 할인액

-. 국가 또는 지방자치단체, 내국법인, 외국법인의 국내지점 및 영업소 또는 외국법인이 발행한 채권 또는 증권을 말하며, 국채, 지방채, 공채, 회사채, 시장에서 유통이 되는 투자신탁 수익증권, 양도성예금증서(CD, Certificate of Deposit), 표지어음

-. 다만, 다음의 채권을 공개시장에서 통합발행(일정기간동안 추가하여 발행할 채권의 표면금리와 만기 등 발행조건을 통일하여 발행하는 것을 말함) 시 해당 채권의 매각가액과 액면가액과의 차액은 채권 또는 증권의 이자와 할인액에 포함하지 아니한다.

㉠ 국채

ⓛ 「한국산업은행법」 제23조에 따른 산업금융채권

ⓒ 「예금자보호법」 제26조의2 및 동법 제26조의2의 규정에 따른 예금보험기금채권과 예금보험기금채권상환기금채권

ⓔ 「한국은행법」 제69조에 따른 한국은행 통화안정증권

나. 국내에서 받는 예금·적금·부금·예탁금과 우편대체의 이자

-. 예·적금 등은 주로 은행, 상호저축은행, 농협/수협/신협, 산림조합, 새마을금고, 우체국, 각종 공제회 등에서 취급하고, 증권회사의 예탁금도 여기에 포함된다.

-. 은행 등에서 취급하는 가계금전신탁, 기업금전신탁, 적립식목적신탁 등의 각종 신탁은 예·적금에 해당하지 않으며, 신탁에 해당된다.

-. 2013.01.01. 이전에 개인연금저축의 가입자가 저축계약 내용에 따라 연금을 받음에 따라 발생하는 소득에 대해 소득세 과세하지 않으며, 계약기간 만료 전에 해지 또는 납입계약기간 만료 후 연금 외 형태로 받는 경우에는 이자소득으로 과세된다.(조특법 제86조 제②항, 2023.01.01. 법률 제11614호로 개정하기 전의 것)

    ※ 연금저축: 종전의 「조특법」 제86조의2 연금저축 소득공제(2012년 이전) → 「소법」 제51조의3 연금보험료 공제(2013년) → 「소법」 제59조의3 연금계좌세액공제(2014년)

¶ 참고예규: 재소득 46073-87, 2003.06.13.

개인연금저축은 연간 납입액의 40%(소득공제 한도 연 72만원)를 소득공제하는 것이며, 「조특법」 제86조의2 연금저축 가입자가 중도해지 하는 경우 당해연도 저축납입액은 「소법」 제21조의 기타소득에 해당하지 않으며, 동 금액은 연말정산 또는 종합소득 신고시 연금소득공제를 받을 수 없음

다. 「상호저축은행법」에 의한 신용계 또는 신용부금으로 인한 이익

- '신용계'는 상호저축은행에서 일정한 계좌를 모아 기간과 금액을 정하고 정기적으로 계금을 납입하게 하여 계좌마다 추첨이나 입찰 등의 방법으로 계원에게 금전(=곗돈)을 지급하는 것을 말한다.
- '신용부금'은 상호저축은행에서 계약기간을 정해놓고 부금을 납입하게 하고 계약기간 중도 또는 만료 시에 부금 가입자에게 일정한 금전의 급부를 약정하고 금전을 지급하는 것을 말한다.

라. 국외에서 받는 이자

- 해외에서 거주자인 개인 등이 받는 이자와 할인액

마. 채권 또는 증권의 환매조건부 매매차익(RP)

- 환매조건부 채권 또는 증권의 매매차익이란 개인과 금융회사가 채권 또는 증권을 매매 거래함에 있어 시장가격에 의하지 아니하고, 환매기간에 따른 사전에 약정한 이율에 의하여 결정된 가격으로 환매수 또는 환매도하는 조건으로 매매하는 채권 또는 증권(RP: Repurchase Agreement)의 매매차익을 말한다. (소법 제16조 제①항 제12호 및 소령 제26조 제⑥항)

매매일 현재 매도자인 금융회사는 채권 또는 증권을 매수자인 고객에게 매도하고 매도대금을 수령하며, 환매일에 매도자인 고객은 채권 또는 증권을 금융회사 반환하고 매수자인 금융회사로부터 매매대금 및 약정이자를 수령하게 되는 것이다.

참고로 환매조건부채권(RP)는 그 금액에 관계없이 예금자보험대상 금융상품에 해당하지 않음에 유의해야 한다.

바. 저축성보험의 보험차익

저축성보험의 보험차익이란? 보험계약의 만기 또는 중도해지 시에 받는 보험금 또는 공제금, 환급금이 만기 또는 중도해지시점까지 납입보험료 총액을 초과하는 보험계약에서 발생하는 보험차익으로서, 가입일로부터 만기일·중도해지일

까지의 기간(=보험유지기간)이 10년 미만인 보험(보험계약유지 기간은 10년 이상이지만, 보험료 최초 납입일로부터 10년이 경과하기 전에 납입한 보험료를 확정된 기간 동안 연금형태로 분할하여 지급받는 경우를 포함한다)으로서 피보험자의 사망·질병·부상 그 밖의 신체상의 상해로 받거나 자산의 멸실 또는 손괴로 받는 보험금이 아닌 경우의 보험계약에서 발생하는 보험차익을 말하며, 이 경우 이자소득세가 과세된다.(소령 제25조 제①항)

> 보험의 구분
> 1) 저축성보험: 저축, 투자 등을 주목적으로 하는 보험계약
> 2) 보장성보험: 사망, 상해, 질병 등의 위험보장을 주목적으로 하는 보험계약

이자소득으로 과세하는 '저축성보험의 보험차익'이란 보험계약에 따라 수령하는 보험금, 공제금 또는 계약기간 중도에 보험계약이 해지됨에 따라 수령하는 환급금(=보험금)에서 납입보험료 또는 납입공제료(=보험료)를 차감한 금액을 말한다.

> 저축성 보험차익
> = 보험금, 공제금 - 납입보험료(배당금 등으로 납입할 보험료를 상계한 경우 포함)

[저축성 보험계약 가입시점에 따른 저축성보험차익에 대한 이자소득세 과세]

> 1) 2000.12.31.까지 가입분: 보험계약유지기간이 5년 미만인 경우
> 2) 2001.01.01.~2003.12.31.까지 가입분: 보험계약유지기간이 7년 미만인 경우
> 3) 2004.01.01. 이후 가입분: 보험계약유지기간이 10년 미만인 경우

다만, 2017.01.01. 이후에 체결한 다음의 (1)~(3)의 어느 하나에 해당하는 보험계약이나 보험금의 보험차익은 이자소득세 과세대상에서 제외한다(소령 제25조 제①항).

[이자소득으로 과세하지 않는 보험계약 또는 보험차익]
(1) 일반저축성 보험계약. 다음의 요건을 모두 충족해야 한다.(소령 제25조 제③항 1호, 2017.02.03. 신설)
① 계약자 1인당 납입할 보험료 합계액이 다음의 구분에 따른 금액 이하인 경우(계약자가 가입한 모든 저축성 보험계약의 보험료 합계액을 말함. 아래의 (2) 및 (3)의 보험료는 제외) 이하인 저축성 보험계약일 것.
  ㉠ 2017.03.31.까지 체결하는 보험계약의 경우: 2억원
  ㉡ 2017.04.01.부터 체결하는 보험계약의 경우: 1억원
② 보험계약 유지기간(최초로 보험료를 납입한 날로부터 만기일 또는 중도해지일까지의 기간이 10년 이상일 것. 다만, 보험계약유지기간은 10년 이상이지만 최초 납입일로부터 10년이 경과하기 전에 납입한 보험료를 확정된 기간 동안 연금형태로 분할하여 지급받는 것은 이자소득세 과세대상에 해당한다.

(2) 월납입식 저축성 보험계약. 다음의 요건을 모두 충족해야 한다.(소령 제25조 제③항, 2017.02.03. 신설)
㉠ 보험계약 유지기간이 10년 이상이고,
㉡ 보험료 최초 납입일로부터 납입기간이 5년 이상일 것.
㉢ 보험료 최초 납입일로부터 매월 납입할 기본보험료가 균등(최초 계약한 기본보험료의 1배 이내로 기본보험료를 증액하는 경우를 포함)하고 기본보험료의 선납기간이 6개월 이내일 것.
㉣ 계약자 1명당 매월 납입하는 보험료 합계액(계약자가 가입한 모든 월적립식 계약의 기본보험료, 추가로 납입하는 보험료 등 월별로 납입하는 보험료를 다음 방식에 따라 계산한 합계액*)이 150만원 이하일 것.(2017.04.01. 이후 체결하는 보험계약으로 한정한다.)

$$\text{매월 납입보험료} = \frac{\text{해당 연도의 기본보험료와 추가로 납입하는 보험료의 합계액}}{\text{보험계약기간 중 해당 연도에서 경과된 개월 수}}$$

※ '다음의 방식에 따라 계산한 합계액'이란 보험계약자가 가입한 월 적립식 보험계약에 따른 보험료(피보험자의 사망, 질병, 부상, 그 밖의 신체상의 상해나 자산의 멸실, 손괴를 보장하기 위한 특약에 따라 납입하는 보험료 및 상법 제650조의2에 따른 보험계약의 부활을 위하여 납입하는 보험료는 제외하되, 납입기간이 종료되었으나 계약기간 중에 있는 보험계약의 기본보험료를 포함한다.)를 기준으로 계산한 금액을 말한다.(소칙 제12조의2 제④항, 2017.03.10. 신설)

(3) 종신형 연금보험계약. 다음의 요건을 모두 충족해야 한다.(소령 제25조 제④항, 2017.02.03. 신설)
  ㉠ 보험계약자가 보험료 납입계약 기간 만료 후 만55세 이후부터 사망 시까지 보험금 또는 수익 등을 연금으로 지급받는 계약일 것.
  ㉡ 연금 외의 형태로 보험금 또는 수익을 지급하지 않는 계약일 것.
  ㉢ 사망(기대여명 연수 이내의 보증기간이 설정된 경우로서 계약자가 보증기간 이내에 사망한 경우에는 해당 보증기간의 종료 시를 말함)시 보험계약 및 연금재원이 소멸할 것.
  ㉣ 최초 연금지급 개시 이후 만기일 전에 보험계약을 중도해지할 수 없을 것.
  ㉤ 매년 수령하는 연금액(연금 수령 개시 이후 금리변동에 따라 변동된 금액과 이연하여 수령하는 연금액은 포함하지 않음)이 다음의 금액을 초과하지 않을 것. 다만, 이 규정은 2014.02.21. 이후 보험계약을 체결하는 분부터 적용한다.

$$\text{연간수령한도} = \frac{\text{연금수령 개시일 현재 연금계좌 평가액}}{\text{연금수령 개시일 현재 기대여명의 연수}} \times 3$$

※ 종신형 연금보험계약은 소득세법상 저축성보험의 보험차익에 해당하는 것으로서 원칙적으로 이자소득세 과세대상에 해당하나 상기의 요건을 모두 충족 시 이자소득세가 과세되지 않는 것이며, 소득세법상의 연금계좌세액공제 대상 연금저축과는 무관함에 유의해야 한다.

> **비과세되는 저축성보험의 만기 후 가산이자의 과세여부(소득 해석편람 16-1-6)**
>
> 7년(2001.01.01.~2003.12.31.까지 저축성보험계약 가입분) 이상 저축성 보험의 만기 후 지급일까지의 기간에 대해 가산이자율에 의한 가산이자의 경우도 이자소득세 과세대상에서 과세제외되는 보험차익에 해당된다.(재경부 소득 46073-42, 2001.02.27.).
>
> 10년 이상 장기저축성보험에 해당하지 아니하는 종신보험의 중도해지에 따른 보험차익은 이자소득으로 과세된다.(서면1팀-1177, 2004.08.24.)
> 보험계약에 따라 최초로 보험료를 납입한 날로부터 최초 원금인출일까지의 기간이 10년 미만인 경우 해당 보험계약의 계약기간 중도에 보험계약이 해지됨에 따라 받는 환급금에서 납입보험료를 차감한 금액은 저축성보험차익에 해당하여 이자소득으로 과세되는 것이다.

○ 보험계약 체결 후 요건을 충족하지 못한 경우
  위의 (1), (2), (3)의 보험계약 체결 후 해당 요건을 충족하지 못하게 된 경우 그 보험계약은 (1), (2), (3)의 보험계약에서 제외한다. 다만, 위 (2)의 월 적립식 저축성보험에 해당하는 보험계약이 그 보험계약을 체결한 후 (2)의 요건을 충족하지 못하게 된 경우라도 위 (1)의 보험계약에 해당하는 것으로 보며, 위 (3)의 종신형 연금보험계약이 그 보험계약을 체결한 후 해당 요건을 충족하지 못하게 된 경우라도 위 (1), (2)의 보험계약에 해당하는 것으로 본다.(소령 제25조 제⑤항, 2017.02.03. 신설)

(4) 보험계약 체결 후 보험계약 변경이 있는 경우

위 (1) 및 (2)의 보험계약과 2013.02.15. 이전에 체결된 보험계약에 대하여 다음 중 어느 하나에 해당하는 변경(종전의 보험계약에 대해서는 아래 ③의 변경으로 한정)이 있는 때에 그 변경일을 해당 보험계약의 최초 납입일로 한다.

다만, 위 (2)의 보험계약에 대해 아래 ① 또는 ②에 해당하는 변경이 있을 때에는 계약 변경일까지의 보험료 납입기간은 위 (2)의 ㉠에 따른 납입기간에 포함하고, 계약변경 전에 납입한 보험료는 계약변경 이후에도 (2)의 ㉡요건을 충족한 것으로 본다.(소령 제25조 제⑥항, 2017.02.03. 개정)

① 계약자 명의 변경 시(사망에 의한 변경은 제외)
② 보장성보험계약을 저축성보험계약으로 변경 시
③ 최초 계약한 기본보험료의 1배를 초과하여 기본보험료를 증액 시

(5) 위 (4)에 따라 보험계약을 변경하는 경우 (1) 및 (2)의 ⓒ에 따른 보험료의 합계액 계산은 다음의 구분에 따른다. 이 경우 위 (4)의 ①에 해당하는 변경(=계약자 명의 변경)이 있을 때에는 변경된 계약자의 보험료 합계액으로 계산한다.(소령 제25조 제①항, 2017.02.03. 신설, 소칙 제12조의2 제③항, 2017.03.10. 신설)

  ① 2017.04.01.부터 체결하는 위 (2)에 해당하는 보험으로서 계약변경 이후에도 (2)의 ㉠ 및 ㉡의 요건을 충족하는 보험인 경우 계약변경 이후 보험료를 기준으로 위 (4)에 따라 계산한 금액을 (2)의 ⓒ보험료에 포함한다.
  ② 2017.04.01.부터 체결하는 위 (1)에 해당하지 않는 보험의 경우 계약변경 전에 납입한 보험료 및 계약변경 이후 납입하는 보험료 합계액을 (1)의 보험료 합계액에 포함한다.
  ③ 2023.02.15.~2017.03.31.까지 체결하는 (1)에 해당하는 보험은 계약변경 전에 납입한 보험료 및 계약변경 후 납입한 보험료의 합계액을 (1)의 보험료 합계액(2억원을 기준으로 한 합계액을 말함)에 포함한다.
  ④ 상기의 ①~③에 해당하지 않는 경우 계약변경 이전 납입한 보험료 및 계약변경 이후 납입한 보험료 모두 (2)의 ⓒ 보험료 합계액에서 제외한다.

[참고 1] 보장성 보험계약에 대한 과세 개요

피보험자의 사망·질병·부상 그 밖의 신체상의 상해로 받거나 자산의 멸실 또는 손괴로 받는 보험금은 보장성 보험계약에 따른 보험금으로서 보험계약이 보장성 보험이라는 보험의 본질적인 면을 고려한 것으로서 피보험자의 사망·상해·질병·부상·기타 신체상의 상해로 인하여 지급받는 보험금 또는 자산의 멸실 또는 손괴로 인하여 지급받는 보험금에 대해서는 보험차익(=보험금 수령액 〉 납입한 보험료 총액)이 발생한다고 하더라도 이자소득세를 과세하지 않는다.

이 경우 보험계약자, 피보험자, 보험수익자 관계에 따라 사업소득, 상속재산 또는 증여재산으로 보아 소득세 또는 법인세, 상속세, 증여세가 과세된다.

[참고 2] 법인 보험계약에 대한 과세 개요

법인이 계약한 법인의 보험차익은 10년 이상 보험계약 유지기간 여부와 관계없이 법인세가 과세된다. 개인이 가입한 보험의 보험차익은 사업과 관련있는 경우에는 사업소득으로 보아 소득세가 과세되며, 사업과 무관한 경우 저축성보험의 보험차익 과세요건을 충족 시에는 이자소득으로 보아 소득세를 과세되는 것이며, 기타의 경우에는 소득세가 과세되지 않는다.

┃ 개인의 보험차익에 대한 과세 요약 ┃

보험계약 유형	보험차익의 구분	소득구분 및 과세
저축성보험	보험유지기간 10년 미만의 보험차익	이자소득
	보험유지기간 10년 이상의 보험차익	과세제외
보장성보험	사업용 자산의 손실 등으로 인한 보험차익	사업소득
	기타의 사유로 인한 보험차익	과세제외

* 보험차익 = 보험금 - (보험료 납입액 - 배당금 수취액)

사. 직장공제회 초과반환금

직장공제회(민법 제32조, 기타 법률에 의해 설립된 공제회 또는·공제조합 등으로서 동일직장·직종에 종사하는 근로자들의 생활안정, 복리증진, 상호부조 등을 목적으로 구성된 단체를 말한다)에 가입된 근로자가 퇴직이나 탈퇴로 인하여 그 규약에 따라 해당 직장공제회로부터 받는 반환금에서 납입공제료를 초과한 금액을 말한다.(소법 제16조 ①항 10호, 소령 제26조 ②).

직장공제회 초과반환금 = 반환금 - 납입공제료

직장공제회 초과반환금은 1999.01.01. 이후 최초로 직장공제회에 가입하여 불입한 후 퇴직 또는 탈퇴하는 분부터 이자소득세로 과세한다(소령 부칙 제4조,

대통령령 14467호). 따라서 1998.12.31.까지 직장공제회에 가입하여 납입하고 퇴직 또는 탈퇴 시에 수령하는 직장공제회 초과반환금은 이자소득세가 과세되지 않는다.

직장공제회 초과반환금은 근로자가 퇴직이나 탈퇴 시 공제회 또는 공제조합에서 완납적 원천징수를 함으로써 개인 소득자의 소득세 납세의무가 종결되는 분리과세제도를 채택하고 있으므로 금융소득 종합과세 대상에도 해당되지 않는 것이다.

다만, 직장공제회 초과반환금을 분할하여 지급받는 경우 그 지급하는 기간 동안 원본 및 초과반환금과 그 밖에 원본 및 초과반환금에 부수되는 이익에 추가로 발생하는 이익은 유형별 포괄주의 과세대상으로 보아 이자소득에 포함된다.(소령 제26조 ②). 이 단서 규정은 2014.02.21. 신설되었으며, 시행일인 2014.02.21.이 속하는 과세기간에 발생하는 소득 분부터 적용된다.

¶ 관련 예규

O 제목: 직장공제회의 회원이 받는 특별가산금의 소득구분(국세청 서면인터넷 서면방문상담1팀-382, 생산일자: 2006.03.24., 등록일자: 2009.01.01.)

O 회신: 직장공제회가 기금운영성과의 현저한 증대로 인하여 발생한 이익의 일부를 당해 공제회의 정관에 따라 회원 탈퇴 시에 통상적인 퇴직반환금(납입공제료에 약정한 금리에 의한 이자를 가산한 금액)에 가산하여 특별가산금으로 지급하는 경우 당해 특별가산금은「소득세법」제16조 제1항 제11호 및 같은 법 시행령 제26조의 규정에 의한 이자소득(직장공제회 초과반환금)에 해당되는 것이나, 당해 특별가산금에 상당하는 이익을 회원 탈퇴 전에 모든 회원에게 일시에 지급하는 경우에는 같은 법 제17조 제1항의 규정에 의한 배당소득에 해당되는 것임.

아. 비영업대금의 이익(일명 '사채이자'라고 함)

비영업대금의 이익 이란 대금업(=금전의 대여를 사업목적으로 하는 자)을 영위하지 않는 개인이 다른 자에게 일시적·우발적으로 금전을 대여하고 받는 이자·수수료를 말한다. 금전 대여를 사업목적으로 하는 경우 세법상 대금업으로 보아 사업소득으로 과세하며, 개인이 사채(私債)를 빌려주고 그 대가로 이자를 받는 것은 비영업대금의 이익으로 보아 이자소득세를 과세하는 것이다.(소법 제16조 제①항 제11호).

따라서, 비영업대금의 이익(=일명 '사채이자')으로 과세될 경우 그 이자를 얻기 위해 발생하는 비용 등에 대하여 소득세법상 필요경비로 인정되지 않는다. 명칭 또는 명목이 어떠한 지는 따지지 아니하며, 금전 대여와 대가관계에 있는 이익 (이자라는 명칭 외에 수수료, 할부금, 공제금, 소개료 등 일체의 이익을 포함함) 은 모두 비영업대금의 이익을 구성한다.[2]

참고로, 대금업과 비영업대금의 이익의 구분의 기준은 대금업을 하는 거주자 임을 대외적으로 표방하고 불특정다수인을 상대로 금전을 대여하는 경우에는 대금업(=금융업)으로 보되, 대외적으로 대금업을 표방하지 않은 거주자의 금전대여는 비영업대금의 이익으로 본다. 일시적으로 사용하는 전화번호만을 신문지상에 공개하는 것은 대금업의 대외적인 표방으로 보지 아니한다(소통 16-26…1).

> **이자채권 포기 시 총수입금액의 계산(소득세 집행기준: 24-51-4)**
> 대여금 채권자가 담보권 실행으로 이자채권의 실현이 가능하였음에도 대여 원금이나 이자 채권의 일부를 스스로 포기함으로써 실질적으로 이자를 받은 것이 아닌 경우에도 대여금의 이자 채권은 그 실현가능성이 확정된 것으로 본다.
> 따라서 채권자가 약정이자를 포기하였다고 하더라도 이는 「소득세법」 상 이미 확정된 청구권의 포기여서 과세대상에서 제외되지 않는다.

> **투자이익보장 약정에 따른 투자이익의 소득 구분(소득세 집행기준: 43-103-3)**
> 손익 발생 여부와 관계없이 일정금액을 지급하기로 되어 있고, 사업의 위험부담이나 책임이 없이 일정액 이상의 투자이익을 보장하는 약정서는 공동사업약정서가 아닌 금전 소비대차약정서에 해당하며, 그 투자이익은 비영업대금의 이익에 해당한다.

자. 유사이자소득

상기의 '가~아'에 열거된 소득과 유사한 소득으로서 금전 사용에 대한 대가로

---

[2] 김완석, 소득세법총론, 2006. 광교이택스, p174

서의 성격이 있는 것을 말하며, 2002.01.01. 이후 최초로 발생하는 소득 분부터 '유형별 포괄주의' 과세제도를 도입하여 시행중에 있다.

차. 이자부상품 결합파생상품의 이익

상기의 가~자에 열거된 소득 중 어느 하나에 해당하는 소득을 발생시키는 거래 또는 행위와「자본시장과 금융투자업에 관한 법률」제5조에 다른 파생상품이 결합된 경우 해당 파생상품의 거래 또는 행위로부터의 이익(소법 제16조 제①항 13호, 2017.02.03. 개정). 2017.02.03. 이후 파생상품 계약을 체결하는 분부터 적용한다.(소령 부칙 제3조, 2017.02.03.)

┃이자소득으로 보지 않는 범위 (집행기준 16-0…1)┃

① 물품을 매입할 때 대금의 결제방법에 따라 에누리되는 금액
② 외상매입금이나 미지급금을 약정기일 전에 지급함으로써 받는 할인금
③ 물품을 판매하고 대금의 결제방법에 따라 추가로 지급받는 금액
④ 외상매출금이나 미수금의 지급기일을 연장하여 주고 추가로 지급받는 금액. 이 경우 그 외상매출금이나 미수금이 소비대차로 전환된 경우는 예외
⑤ 장기할부조건으로 판매함으로써 현금거래 또는 통상적인 대금의 결제방법에 의한 거래의 경우보다 추가로 지급받는 금액. 다만, 당초 계약내용에 의하여 매입가액이 확정된 후 그 대금의 지급지연으로 실질적인 소비대차로 전환되어 발생되는 이자를 이자소득으로 본다.

┃손해배상금에 대한 법정이자 (집행기준 16-0…1)┃

법원의 판결 또는 화해에 따라 받는 손해배상금에 대한 법정이자도 이자소득으로 보지 아니한다.
다만, 위약 또는 해약을 원인으로 법원의 판결에 따라 받는 손해배상금에 대한 법정이자는 기타소득으로 본다.

2. 이자소득세 비과세 금융상품

소득세법상 이자소득의 요건을 갖추고 있더라도 조세정책상 또는 과세기술상의 필요성에 의하여 이자소득세 과세대상에서 제외하는 소득을 '비과세 이자소득'이라고 하며, 비과세되는 이자소득은 금융소득 종합과세 대상에서 제외된다. 소득세법과 조세특례제한법에서 열거하고 있는 비과세 이자소득을 살펴보면 다음과 같다.

가. 「공익신탁법」에 의한 공익신탁의 이익(소법 제12조 제(1)호)
나. 장기저축성보험의 보험차익(소법 제16조 및 소령 제25조 제①항)
다. 비거주자 등의 정기외화예금에 대한 이자소득세 비과세(조특법 제21의2, 2015.12.31.까지 가입분에 한함)
라. 개인연금저축의 이자소득(조특법 제86조, 2013.01.01. 삭제)
마. 장기주택마련저축에서 발생하는 이자소득. 2012.12.31.까지 가입분에 한함(조특법 제87조).
바. 농어가목돈마련저축에서 발생하는 이자소득.(조특법 제87조의2)
사. 비과세종합저축에서 발생하는 이자소득. 2025.12.31.까지 가입분에 한함(조특법 제88조의2).
아. 농협, 수협, 신협, 산림조합, 새마을금고 등 조합에 대한 1인당 3천만원 이하의 예탁금에서 발생하는 이자소득. (조특법 제89의3).
자. 녹색예금에서 발생하는 이자소득. 은행업을 경영하는 법인이 예금을 통하여 조달한 자금의 40% 이상을 녹색산업 관련 자산에 투자하는 것3)으로서 1인당 가입한도 2,000만원 이내이고, 계약기간이 3년 이상 5년 이하인 예금으로 2014.12.31.까지 가입분에 한함(조특법 제91의13 ②항, 2014.01.01. 삭제).
차. 녹색채권에서 발생하는 이자소득. 은행업을 경영하는 법인이 채권을 통하여 조달한 자금의 40% 이상을 녹색산업 관련 자산에 투자하는 것으로서 1인당 매입한도 3천만원 이내이고, 만기 3년 이상 5년 이하 채권으로서 2014.12.31.까지 발행한 채권을 매입한 것에 한함(조특법 제91의13 제③항, 2014.01.01. 삭제).
카. 재형저축에서 발생하는 이자소득. 2013.01.01.~2015.12.31.까지 가입분에 한함(조특법 제91의14).

타. 경과규정에 따른 국민주택채권 등의 이자

파. 개인종합자산관리계좌(ISA)에서 발생한 금융소득의 합계액 중 200만원(일반형) 또는 400만원(서민형)까지의 소득.(조특법 제91의18)

하. 청년우대형주택청약종합저축(조특법 제87조 및 조특령 제81조), 장병내일준비적금(조특법 제91의19 및 조특령 제93조5), 청년희망적금(조특법 제91의21 및 조특령 93의7, 청년도약계좌 이자(조특법 제91의22 및 조특령 제93의8)의 이자소득

거. 청년희망적금의 이자소득. 2022.12.31.까지 가입한 가입분에 한함(조특법 제91의21)

위에서 열거한 각 호별 이자소득의 종류에 대하여 보다 자세한 내용을 살펴보기로 한다.

가. 「공익신탁법」에 의한 공익신탁의 이익(소법 제12조 제(1)호)

-. '공익신탁' 이란 기예, 학술, 제사, 종교, 환경, 기타 공익을 목적으로 하는 신탁으로 위탁자로부터 수탁자가 신탁재산을 수탁 받아 수탁자가 신탁행위에서 정한 공익 목적에 따라 관리운용하게 하는 것을 말한다.

-. 공익신탁의 이익은 수탁 원본을 초과하는 금액을 말하며, 소득세가 비과세된다.

나. 장기저축성보험의 보험차익(소법 제16조 및 소령 제25조 제①항)

-. 보험차익은 보험계약에 따라 보험계약기간 도중에 해당 보험계약이 해지됨에 따라 받는 환급금 또는 해당 보험계약의 만기 시에 받는 보험금, 공제금에서 납입보험료 또는 납입공제료를 차감한 금액을 말한다.

-. 보험차익은 원칙적으로 이자소득에 해당되어 소득세 과세대상에 해당되나, 다음의 보험차익은 이자소득세가 과세되지 않는다.

① 최초로 보험료를 납입한 날로부터 중도해지일 또는 만기일가지의 기간이 10년 이상으로서 소법 시행령 제25조 제③에 규정하는 요건을 갖춘 일반저축성 보험으로서 개인별 1억원(2017.03.31.까지 보험계약

---

3) 저탄소 녹색산업 기본법 제32조에 따라 확인·인증된 사업을 시행하는 법인이 발행한 증권에 투자하거나 또는 해당 법인에게 자금을 대출하는 것을 말함.

분은 개인별 2억원) 이하인 보험의 보험차익
② 납입기간 5년 이상이고, 월 적립식 보험료 등이 월 150만원 이내인 보험의 보험차익
③ 일정 요건을 갖춘 종신형 연금보험계약의 보험차익
④ 보장성보험계약의 피보험자의 사망, 상해, 부상, 질병 기타 신체상의 상해로 인하여 받거나 자산의 멸실, 손괴로 인하여 받는 보험계약인 경우

다. 비거주자 등의 정기외화예금에 대한 이자소득세 비과세(조특법 제21의2, 2015.12.31.까지 가입분에 한함)

-. 비거주자 또는 외국법인(비거주자 또는 외국법인의 국내사업장은 제외)이 계약기간 1년 이상이고 금융감독원장의 약관심사를 거친 제21조 제①항 제(2)호에 따른 외국환업무취급기관이 취급하는 정기외화예금에 2015.12.31.까지 가입한 경우 해당 예금에서 계약기간 내에 발생하는 이자에 대해 소득세 또는 법인세를 부과하지 아니한다.
-. 외화예금 가입자가 가입 계약 기간 내에 계약 해지, 예금 전부 또는 일부를 인출 시 외국환업무취급기관은 소득세 또는 법인세를 원천징수하여 다음 달 10일까지 원천징수 관할세무서장에게 납부해야 한다. 다만, 예금의 인출 없이 1년 이상 예치한 경우 그 1년 동안 발생한 이자에 대해서는 소득세 또는 법인세를 부과하지 아니한다.

라. 개인연금저축의 이자소득(조특법 제86조, 2013.01.01. 삭제)

-. 개인연금저축 가입자가 저축계약 내용에 따라 연금으로 받는 경우 그 저축에서 발생한 소득에 대해 소득세를 부과하지 아니한다.
-. 비과세요건
① 가입대상자: 만 20세 이상인 거주자
② 납입조건: 분기마다 300만원 범위 내에서 납입할 것
③ 가입기간: 저축납입기간이 10년 이상일 것
④ 연금 수령 조건: 저축납입계약기간 만료 후 가입자가 만55세 이후부터 5년 이상 연금으로 지급받을 것

-. 감면세액 추징 사유

납입계약기간 만료 전에 중도해지(다른 금융기관의 개인연금저축으로 계좌이체를 통해 이전하는 경우에는 제외)하거나 납입계약기간 만료 후 연금 이외의 형태로 지급받는 경우 해당 저축에서 발생한 소득은 이자소득으로 보고 소득세를 부과한다.

다만, 가입자의 사망, 해외이주 또는 「조세특례제한법 시행령」 제80조 제⑤항에 따른 사유 발생 시 해당 저축계약을 해지한 때에는 소득세를 추징하지 아니한다.

| 개인연금저축(소득공제)과 연금저축(연금계좌세액공제) 비교 |

구분	개인연금저축	연금저축
가입대상	만20세 이상	만18세 이상
가입기간	2000.12.31. 이전 가입	2001.01.01. 이후 가입
납입기간	10년 이상	5년 이상
납입금액	분기마다 300만원 이내금액	연간 1,800만원(2013년 이후 납입 시) + ISA계좌 만기 시 연금계좌전환금액 (2020.01.01. 이후)
소득공제 또는 세액공제	연간 납입액의 40%	연간 납입액*의 12%(근로소득 총급여액 5,500만원 이하자는 15%) 세액공제 *연간 600만원(퇴직연금과 합산하여 900만원) 한도
공제한도	연 72만원 소득공제	과세표준 금액에 따라 연 72만원~135만원 세액공제
적용대상 금융상품	은행, 투자신탁회사의 신탁상품, 보험회사의 보험상품, 우체국보험, 수협의 조합이 취급하는 생명공제	은행, 투자신탁회사의 신탁상품, 보험회사의 보험상품, 우체국보험, 수협·신협의 조합이 취급하는 생명공제, 증권투자회사의 연금저축

* 연금저축의 (소득공제/세액공제) 개정 추이: 종전의 조특법 제86조의2 연금저축 소득공제(2012년 이전) → 소법 제51조의3 연금보험료 공제(2013년) → 소법 제59조의3 연금계좌세액공제(2014년)

마. 장기주택마련저축에서 발생하는 이자소득. 2012.12.31.까지 가입분에 한함 (조특법 제87조).

-. 비과세요건

① 가입대상: 만 18세 이상의 세대주로서 가입 당시 무주택자 또는 기준시가 5천만원 이하인 주택, 전용면적 85㎡ 이하의 주택으로서 기준시가 3억원 이하인 주택을 1채만 소유한 세대의 세대주일 것

② 취급 금융기관: 은행, 농수협, 새마을금고, 우체국 등이 취급하는 저축으로서 소득세가 비과세되는 장기주택마련저축임이 표시된 통장으로 거래될 것

③ 납입조건: 분기마다 300만원 이내(모든 금융기관에 가입한 저축의 합계액을 말한다.)에서 납입할 것

④ 가입기간: 저축계약기간이 7년(1997.08.30. 이전 계약분은 10년) 이상이고 그 기간 동안 원금이나 이자 등의 인출이 없을 것

-. 감면세액 추징사유

저축계약일로부터 7년(1997.08.30. 이전 계약분은 10년) 이내에 해지한 경우 저축기간부터 감면세액을 추징해야 한다.

다만, 저축자의 사망, 해외이주, 해지 전 3개월 이내에 주택을 취득 시, 해진 전 6개월 내에 천재지변 등 기타「조세특례제한법 시행령」제81조 제⑥항의 사유로 인해 해당 저축계약을 해지 시에는 감면세액을 추징하지 아니한다.

바. 농어가목돈마련저축에서 발생하는 이자소득.(조특법 제87조의2)

-. 농어민이「농어가목돈마련주책에 관한 법률」규정에 따른 농어가목돈마련주축에 2025.12.31.까지 가입한 경우 해당 농어민 또는 그 상속인이 저축계약의 만료 또는 가입일로부터 1년 이후 농어민의 사망, 해외로 이주한 때, 천재지변, 기타 대통령령으로 정하는 사유가 발생 등의 사유로 저축을 해지하여 받는 이자소득과 저축장려금에 대해 소득세, 증여세 또는 상속세를 부과하지 아니한다.

-. 비과세요건

① 가입대상자: 2ha 이하 농지소유자, 20톤 이하 어선 소유자 등 농어민 및 1ha 이하 농지소유자, 동력선 미소유자 등 저소득농어민
② 납입조건: 연간 납입한도는 144만원 이나, 저소득농어민의 경우 120만원 (2017.02.28. 이후 체결한 계약은 240만원)
③ 납입주기: 월납, 분기납, 6개월납
④ 저축기간: 3년 또는 5년

사. 비과세종합저축에서 발생하는 이자소득.(조특법 제88조의2).

다음의 비과세요건에 해당하는 거주자가 2025.12.31.까지 비과세종합저축에 가입 시 해당 저축에서 발생하는 이자소득에 대해 소득세를 부과하지 아니 한다.

-. 비과세요건

① 가입대상자
ㄱ. 65세 이상인 거주자(2019년까지 순차적으로 1세씩 상향 조정. 2015년: 61세, 2016년: 62세, 2017년: 63세, 2018년: 64세, 2019년: 65세)
ㄴ. 「장애인복지법」 제32조 규정에 따라 등록한 장애인
ㄷ. 「독립유공자예우에 관한 법률」의 독립유공자 및 그 유족 또는 가족
ㄹ. 「독립유공자 등 예우 및 지원에 관한 법률」 제6조 규정에 따라 등록한 상이자
ㅁ. 「국민기초생활보장법」 제2조 제2호에 따른 수급자
ㅂ. 「고엽제후유의증 환자지원 등에 관한 법률」에 따른 고엽제후유의증 환자
ㅅ. 「5·18 민주유공자 예우에 관한 법률」에 따른 5·18 민주화운동부상자

② 가입한도: 1인당 5천만원 이하(기존 세금우대종합저축, 비과세종합저축 한도를 포함한 통합한도로 설정)

저축원금은 모든 금융회사 등 및 공제회에 가입한 비과세종합저축의 계약금액의 총액으로 하며, 비과세종합저축에서 발생하여 원금에 전입되는 이자 및 배당 등은 비과세종합저축으로 해당하나, 계약금액의 총

액을 계산할 때는 산입하지 아니한다.
③ 가입요건
ㄱ. 은행, 보험회사, 증권회사, 투자신탁 등의 금융회사 군인공제회, 한국교직원공제회, 대한지방행정공제회, 경찰공제회, 대한소방공제회, 과학기술인공제회 등이 취급하는 저축에 가입하고 가입당시 저축자가 비과세 신청할 것
ㄴ. 비과세종합저축을 취급하는 금융회사 등 및 공제회는 비과세종합저축만을 입출금하는 비과세종합저축통장 또는 거래카드의 표지, 속지 또는 거래명세서 등에 '비과세종합저축'이라는 문구를 표시할 것

④ 적용시기

2015.01.01. 이후 최초로 가입한 저축 분부터 적용한다. 그러나 비과세종합저축의 계약기간 만료일 이후 발생하는 이자, 배당소득에 대해서는 비과세특례를 적용하지 아니한다.

※ 비과세종합저축에 대한 과세특례에 대한 경과조치: 이법 시행(2015.01.01.) 당시 종전의 조특법 제88조의2 규정에 따라 생계형저축에 가입한 거주자는 조특법 제88조의2의 개정규정에 따른 비과세종합저축에 가입한 것으로 본다.

아. 농협, 수협, 신협, 산림조합, 새마을금고 등 조합에 대한 1인당 3천만원 이하의 예탁금에서 발생하는 이자소득. (조특법 제89의3)

-. 비과세요건: 농어민 또는 상호유대를 가진 조합원(준조합원, 계원, 준계원), 회원(가입당시 만 19세 이상) 등으로 조합(농협, 수협, 신협, 산림조합, 새마을금고) 등에 대한 예탁금(1인당 3천만원 이하, 2008.12.31. 이전 발생 분까지는 가입한도가 2,000만원)에서 발생하는 이자소득으로서 기간별로 소득세 비과세를 달리 적용한다.

① 2007.01.01.~2025.12.31.까지 발생한 이자소득은 비과세
② 2026.01.01.~2026.12.31.까지 발생한 이자소득: 5% 원천징수로 완전분리과세
③ 2027.01.01. 이후 발생하는 이자소득: 9% 원천징수로 완전분리과세
※ 참고로, 이 경우 이자소득에 대한 개인지방소득는 비과세된다.

자. 녹색예금에서 발생하는 이자소득. 은행업을 경영하는 법인이 예금을 통하여 조달한 자금의 40% 이상을 녹색산업 관련 자산에 투자하는 것[4]으로서 거주자 1인당 가입한도 2,000만원 이내이고, 계약기간이 3년 이상 5년 이하인 예금으로 2014.12.31.까지 가입분에 한함(조특법 제91의13 ②항, 2014.01.01. 삭제).

　-. 비과세요건
　　① 금융기관: 「은행법」에 따른 은행, 「우체국예금 보험에 관한 법률」에 따른 체신관서가 취급하는 예금으로서 은행 또는 체신관서가 예금을 통해 조달한 자금의 40% 이상을 대통령령으로 정하는 녹색산업 관련 자산에 투자(대출을 포함)할 것. 이 경우 자산운용명세 등을 대통령령으로 정하는 바에 따라 구분하여 경리해야 한다.
　　② 가입기간: 계약기간이 3년 이상 5년 이하이고 계약기간 만료일 이전에 원금 또는 이자의 인출 또는 이체가 없을 것
　　③ 가입한도: 1인당 2,000만원으로 해당 거주자가 가입한 모든 녹색예금의 합계액을 말함
　-. 감면세액 추징
　　녹색예금에 가입한 거주자가 계약기간 만료일 이전에 예금 원금 또는 이자를 인출 또는 이체하는 경우 녹색예금을 취급하는 은행, 체신관서 등은 비과세된 이자소득에 대하여 감면세액을 추징하여 인출일 또는 이체일이 속하는 달의 다음달 10일까지 원천징수 관할세무서장에게 납부해야 한다.

차. 녹색채권에서 발생하는 이자소득. 은행업을 경영하는 법인이 채권을 통하여 조달한 자금의 40% 이상을 녹색산업 관련 자산에 투자하는 것으로서 거주자 1인당 매입한도 3천만원 이내이고, 만기 3년 이상 5년 이하 채권으로서 2014.12.31.까지 발행한 채권을 매입한 것에 한함(조특법 제91의13 제③항, 2014.01.01. 삭제).

---

[4] 저탄소 녹색산업 기본법 제32조에 따라 확인·인증된 사업을 시행하는 법인이 발행한 증권에 투자하거나 또는 해당 법인에게 자금을 대출하는 것을 말함.

-. 비과세요건

① 금융기관:「은행법」에 따른 은행이 발행한 채권으로서 발행한 채권을 통해 조달한 자금의 40% 이상을 대통령령으로 정하는 녹색산업 관련 자산에 투자(대출을 포함)할 것. 이 경우 자산운용명세 등을 대통령령으로 정하는 바에 따라 구분하여 경리해야 한다.

② 가입기간: 계약기간이 3년 이상 5년 이하이고 만기 이전에 상환되거나 제 3자에게 양도되지 않을 것

③ 매입한도: 1인당 한도를 3,000만원으로 하며, 해당 거주자가 가입한 모든 녹색예금의 합계액을 말함

-. 감면세액 추징

녹색예금에 가입한 거주자가 계약기간 만료일 이전에 예금 원금 또는 이자를 인출 또는 이체하는 경우 녹색예금을 취급하는 은행, 체신관서 등은 비과세된 이자소득에 대하여 감면세액을 추징하여 인출일 또는 이체일이 속하는 달의 다음달 10일까지 원천징수 관할세무서장에게 납부해야 한다.

카. 재형저축에서 발생하는 이자소득. 2013.01.01.~2015.12.31.까지 가입분에 한함(조특법 제91의14).

-. 다음의 가입요건을 모두 갖추어야 함

① 재형저축 가입자가 가입 당시 다음 중 어느 하나에 해당하는 거주자일 것.
- 직전 과세기간의 근로소득 총급여액이 5,000만원 이하 근로소득자(직전 과세기간에 근로소득만 있거나 또는 근로소득 및 종합소득과세표준에 합산되지 않는 종합소득이 있는 경우로 한정한다).
- 직전 과세기간이 종합소득과세표준에 합산되는 종합소득금액이 3,500만원 이하인 경우(직전 과세기간에 근로소득 또는 사업소득이 있는 경우로 한정한다).

② 금융회사 등이 취급하는 적립식 저축으로서 소득세가 비과세되는 재형저축임이 표시된 통장으로 거래될 것. 따라서 일시납방식으로 납입하는 경우 이자(배당)소득세 과세대상이 됨에 유의.

③ 재형저축 계약기간이 7년이고, 계약기간 만료 이전에 원금 또는 이자

등의 인출 및 제3자에게의 양도가 없을 것. 3년 이내의 기간 내에서 1회에 한하여 연장 가능.
④ 모든 금융기관의 재형저축 납입금액의 합계액이 거주자 1인당 분기별로 300만원 이내일 것. 이 경우 해당 분기 이후의 저축금을 미리 납입하거나 또는 해당 분기 이전의 납입금을 후에 납입할 수 없으나 보험 또는 공제의 경우 최종납입일이 속하는 달의 말일로부터 2년 2개월이 지나기 전에는 그 동안의 저축금을 납입할 수 있다.

-. 감면세액의 추징

재형저축의 계약을 체결한 거주자가 세법에서 정한 날 이전에 해당 저축으로부터 원금이나 이자 등을 인출하거나 또는 해당 계약을 해지, 제3자에게 양도한 경우 그 저축을 취급하는 금융회사 등은 비과세된 이자소득과 배당소득에 대하여 감면받은 세액을 추징해야 한다.

타. 소득세법상 경과규정에 따른 국민주택채권 등의 이자(소법 부칙 제9조, 1994. 12.22. 법률 제4803호)

다음의 채권 또는 저축에서 발생하는 이자에 대해서는 소득세가 과세되지 않는다.
① 1982.01.01. 전에 한국주택은행이 「주택건설촉진법」에 의해 발행한 국민주택채권
② 1983.01.01. 전에 발행된 다음의 채권
  ㄱ. 종전의 「산업부흥채권법」에 의하여 국가가 발행한 산업부흥국채
  ㄴ. 「징발재산정리에 관한 특별조치법」에 의해 국가가 발행한 징발보상채권
  ㄷ. 종전의 「통신시설확장에 따른 임시조치법」에 의해 국가가 발행한 전신·전화채권
  ㄹ. 「주택건설촉진법」에 의행 국가가 발행한 국민주택채권
  ㅁ. 「지방재정법」에 의해 지방자치단체가 발행한 지하철공채·도로공채 및 상수도공채
  ㅂ. 한국토지개발공사가 「한국토지개발공사법」에 의해 발행한 토지개발채권

③ 1991.01.01. 전에 발생된 국민저축종합저축의 이자

파. 개인종합자산관리계좌(ISA)에서 발생한 금융소득의 합계액 중 200만원(일반형) 또는 400만원(서민형)까지의 소득(조특법 제91의18)

거주자가 개인종합자산관리계좌(ISA)에 가입한 이후 발생하는 이자소득, 배당소득의 합계액이 200만원[직전 과세기간의 총급여액이 5,000만원 이하인 거주자(직전 과세기간에 근로소득만 있거나 또는 근로소득 및 종합소득 과세표준에 합산되지 아니하는 종합소득이 있는 자로 한정) 또는 직전 과세기간의 종합소득 과세표준에 합산되는 종합소득금액이 3,800만원 이하인 거주자(직전 과세기간의 근로소득 총급여액이 5,000만원을 초과하지 아니한 자로 한정) 등은 400만원]의 소득에 대하여 소득세 비과세 적용된다.

* 계좌 가입일 또는 연장일 직전 3개 과세기간동안 금융소득의 합계액이 1회 이상 연 2,000만원을 초과한 자(=금융소득 종합과세 대상자)는 해당 과세특례 적용하지 아니한다.

하. 청년우대형주택청약종합저축(조특법 제87조 및 조특령 제81조), 장병내일준비적금(조특법 제91의19 및 조특령 제93조5), 청년희망적금(조특법 제91의21 및 조특령93의7, 청년도약계좌 이자(조특법 제91의22 및 조특령 제93의8)의 이자소득

-. 청년우대형주택청약종합저축 이자소득 비과세(조특법 제87조 및 조특령 제81조),
가입일 현재 청년에 해당하고 무주택 세대주 및 배우자로서 다음 ① 또는 ②에 해당하는 거주자가 2025.12.31.까지 가입기간 2년 이상으로 하여 가입한 경우 청년우대형주택청약종합저축에서 발생한 이자소득 합계액 중 500만원까지 소득세를 비과세하며, 비과세를 적용받을 수 있는 납입금액은 모든 금융회사에 납입한 금액을 합산하여 연간 600만원을 한도로 한다.

① 직전 과세기간의 근로소득 총급여액이 3,600만원 이하인 근로소득자(직전

과세기간에 근로소득만 있거나 또는 근로소득 및 종합소득 과세표준에 합산되지 아니하는 종합소득이 있는 자로 한정하고, 비과세소득만 있는 자는 제외)
② 직전 과세기간의 종합소득 과세표준에 합산되는 종합소득금액이 2,600만원 이하인 자(직전 과세기간의 근로소득 총급여액이 3,600만원을 초과하는 근로소득이 있는 자 및 비과세소득만 있는 자는 제외)
  * '청년'이란? 가입일 현재 만19세 이상부터 만 34세 이하인 사람으로 병역 이행기간 (6년을 한도로 함)을 가입일 현재 연령에서 차감하고 계산한 연령이 만 34세 이상인 사람을 포함한다.

-. 장병내일준비적금(조특법 제91의19 및 조특령 제93조5)
  가입일 현재 현역병 등이 대통령이 정하는 장병내일준비적금에 2026.12.31.까지 가입한 경우 가입일로부터 「병역법」에 따른 복무기간 종료일까지 해당 적금(2024.12.31. 이전 납입금은 월 40만원, 2025.01.01. 이후 납입금은 월 50만원 한도)에서 발생하는 이자소득에 대해 소득세를 부과하지 아니한다.
  다만, 현역병 등의 복무기간이 24개월을 초과하는 경우 비과세 적용기간은 24개월을 초과하지 못한다.
  ① 현역병 등: 다음 중 어느 하나에 해당하는 사람으로 적금 가입 당시 잔여 복무기간이 6개월 이상인 사람을 말한다.
    ㄱ. 「병역법」 제5조 제①항 제1호 가목에 따른 현역병
    ㄴ. 「병역법」 제5조 제①항 제1호에 나목 (1)에 따른 사회복무요원
    ㄷ. 「병역법」 제2조 제①항 제8호에 따른 상근예비역
    ㄹ. 「병역법」 제25조에 따라 전환복무를 하는 사람
    ㅁ. 「병역법」에 따른 대체복무요원
  ② 비과세요건
    ㄱ. 「금융실명거래 및 비밀보장에 관한 법률」 제2조 제1호에 따른 금융회사 등이 국방부장관, 병무청장, 경찰청장, 소방청장, 해양경찰청장과 협약을 체결하여 취급하는 적금일 것

ㄴ. 적금통장의 표지에 '장병내일준비적금통장'이라는 문구를 표시할 것

-. 청년희망적금(조특법 제91의21 및 조특령93의7)
　가입일 현재 청년으로서 다음의 ① 또는 ②에 해당하는 거주자가 전용계좌(1인당 1개만 가입할 수 있고, 연 납입한도가 600만원)를 통하여 2022.12.31.까지 대통령령으로 정하는 청년희망적금에 가입하여 2024.12.31.까지 받는 이자소득에 대하여 소득세를 부과하지 아니한다.

① 직전 과세기간의 근로소득 총급여액이 3,600만원 이하인 근로소득자 (직전 과세기간에 근로소득이 있거나 또는 근로소득 및 종합소득 과세표준에 합산되지 아니하는 종합소득이 있는 자로 한정하고, 비과세소득만 있는 자는 제외)

② 직전 과세기간의 종합소득 과세표준에 합산되는 종합소득금액이 2,600만원 이하인 자(직전 과세기간의 근로소득 총급여액이 3,600만원을 초과하는 근로소득이 있는 자 및 비과세소득만 있는 자는 제외)

　　* '청년'이란? 가입일 현재 만19세 이상부터 만 34세 이하인 사람으로 병역 이행기간(6년을 한도로 함)을 가입일 현재 연령에서 차감하고 계산한 연령이 만 34세 이상인 사람을 포함한다.

-. 청년도약계좌 이자(조특법 제91의22 및 조특령 제93의8)의 이자소득
　가입일 현재 청년으로서 다음의 ① 또는 ②에 해당하는 거주자가 전용계좌(1인당 1개만 가입할 수 있고, 연 납입한도가 840만원)를 통하여 2025.12.31.까지 가입하는 경우 해당 계좌에서 발생하는 이자소득, 배당소득에 대해 소득세를 부과하지 아니한다.
　다만, 가입 후 5년 이내 해지, 인출, 양도 시 감면세액 상당액을 추징한다.

① 직전 과세기간의 근로소득 총급여액이 3,600만원 이하인 근로소득자 (직전 과세기간에 근로소득이 있거나 또는 근로소득 및 종합소득 과세표준에 합산되지 아니하는 종합소득이 있는 자로 한정하고, 비과세소득만 있는 자는 제외)

② 직전 과세기간의 종합소득 과세표준에 합산되는 종합소득금액이 2,600만원 이하인 자(직전 과세기간의 근로소득 총급여액이 3,600만원을 초과하는 근로

소득이 있는 자 및 비과세소득만 있는 자는 제외)

* '청년'이란? 가입일 현재 만19세 이상부터 만 34세 이하인 사람으로 병역 이행기간 (6년을 한도로 함)을 가입일 현재 연령에서 차감하고 계산한 연령이 만 34세 이상인 사람을 포함한다.

거. 청년희망적금의 이자소득(조특법 제91의21)

청년으로서 가입연령 만19세 이상 만 34세 이하이며, 근로소득 총급여액 3,600만원 이하 또는 종합소득금액 2,600만원 이하이고, 2022.12.31.까지 가입한 가입분에 한하여 발생하는 이자소득에 대하여 소득세를 비과세한다.

▌[참고] 채권 매매차익에 대한 과세 여부 요약 ▌

구 분		채권 매매차익 과세여부
개인	채권을 매매 시	소득세 과세 제외
	채권 매매업 등록 시	소득세 과세
	집합투자기구(=펀드)를 통한 채권투자	소득세 과세
법인	채권을 매매 시	법인세 과세
	채권 매매업 등록 시	법인세 과세
	집합투자기구를 통한 채권투자	법인세 과세

3. 이자소득 분리과세 금융상품 및 원천징수 세율

이자소득으로서 분리과세되는 경우 완납적 원천징수로써 소득자인 개인의 소득세 납세의무가 종결되므로 소득세 신고 납부의무도 없으며, 금융소득 종합과세 대상에서도 제외된다.

현재 이자소득 분리과세되는 금융상품은 소득세법과 조세특례제한법, 금융실명거래법에 열거되어 있으며, 그 내용을 살펴보고자 한다.

(1) 소득세법에 규정한 분리과세 이자소득(소법 제14조)

가. 법원에서 실시하는 부동산 경매 입찰을 위하여 법원에 납부한 보증금 및 경락대금에서 발생하는 이자: 14%

나. 실지명의가 확인되지 않는 이자소득: 45%

다. 2017.12.31. 이전에 발행된 만기 10년 이상 장기채권(3년 이상 계속 보유)으로서 분리과세를 신청한 경우 이자와 할인액: 30%
다만, 2018.01.01. 이후 발행된 만기 10년 이상 채권에 대한 이자와 할인액은 조건부 금융소득에 해당한다.

라. 직장공제회 초과반환금: 연분연승법에 의한 기본세율(6~45%)

마. 수익을 구성원에게 배분하지 않는 단체가 지급받는 이자: 14%

* 법인으로 보는 단체 외의 단체 중 수익을 구성원에게 배분하지 아니하는 단체로서 단체명을 표기하여 금융거래를 하는 단체가 「금융실명거래 및 비밀보장에 관한 법률」 제2조 제1호 각 목의 어느 하나에 해당하는 금융회사로부터 받는 이자소득 → 아파트 관리사무소가 아파트 관리비 수선충당금을 예치하고 받는 이자소득 등

바. 거주자의 금융소득(비과세 및 분리과세분은 제외)의 합계액이 연간 2,000만원 이하이면서 소득세법 제27조(14% 또는 25%(비영업대금의 이익))에 따라 원천징수된 이자소득 또는 배당소득인 경우(소법 제14조)

(2) 조세특례제한법에 규정한 분리과세 이자소득(소법 제14조)

가. 세금우대종합저축의 이자 및 배당소득(조특법 제89조): 원천징수세율 9%

거주자가 요건을 모두 갖춘 세금우대종합저축에 2014.12.31.까지 가입하는 경우 해당 저축에서 발생하는 이자소득은 9%의 세율로 완납적 원천징수로써 분리과세되며, 지방소득세가 부과되지 않는다.

-. 분리과세요건

① 분리과세 신청: 「금융실명거래 및 비밀보장에 관한 법률」 제2조 제1호 각 목의 어느 하나에 해당하는 금융회사 등이 취급하는 적립식 또는 거치식 저축(집합투자증권저축, 공제, 보험, 증권저축 및 채권저축 포함)으로서 저축 가입 당시 저축자가 세금우대 적용 신청을 할 것

② 저축계약기간: 1년 이상일 것
③ 가입한도(모든 금융회사 등 세금우대종합저축 계약금액총액 기준)
  ㄱ. 만 20세 이상인 자: 1인당 1,000만원 이하 (2008.12.21. 이전 가입분은 2,000만원)
  ㄴ. 노인, 장애인 등 조특법 제88조의2 제①항에 해당하는 자는 1인당 3,000만원(2008.12.31. 이전 가입분은 6,000만원)
    - 세금우대 혜택: 우대세율 9.5%(= 소득세 9% + 농어촌특별세 0.5%)를 적용하며, 「지방세법」에 의한 지방소득세를 과세하지 않음
    - 세금우대종합저축 제도 시행(2001.01.01.)시 이미 가입한 세금우대상품이 이 제도에 의한 가입한도를 초과하더라도 만시 시까지 그 초과분에 대해서도 세금우대종합저축으로 본다.
    - 세금우대종합저축통장의 표지에 '세금우대종합저축통장' 이라는 문구를 표시해야 한다.
-. 감면세액의 추징
  세금우대종합저축을 계약일로부터 1년 이내에 해지 또는 인출, 그 권리를 이전하는 경우 원천징수의무자는 감면한 세액을 원천징수 하여야 한다. 다만, 가입자의 사망, 해외이주 또는 「조세특례제한법 시행령」 제81조 제⑥항의 사유가 있는 경우에는 추징하지 않는다.

나. 사회기반시설채권의 이자(조특법 제29조): 원천징수세율 14%

  사회기반시설(SOC)채권 발행일로부터 최종 상환일까지의 기간이 7년 이상인 「사회기반기설에 대한 민간투자법」에 따라 발행된 사회기반시설채권으로서 2014.12.31.까지 발행된 채권의 이자를 14% 분리과세 세율로 원천징수하고, 분리과세 됨으로 금융소득 종합과세 대상에서도 제외된다.

  * 2010.01.01. 이후 발행하는 사회기반시설채권은 최종 상환일가지의 기간이 7년 이상(종전 15년 → 7년)으로 변경되었으며, 2010년부터 수해방지채권은 이자소득 분리과세대상에서 제외되었다.

다. 고위험고수익채권투자신탁 등에 대한 과세특례(조특법 제91조의15, 조특령 제93조)

거주자가 비우량채권 또는 코넥스 상장주식 주권을 일정비율 이상 편입하는 '고위험고수익채권투자신탁'에 2024.12.31.까지 가입하는 경우 1인당 투자금액 3천만원(모든 금융회사에 투자한 투자신탁 등의 합계액) 이하인 채권투자신탁 등에서 받는 이자소득, 배당소득에 대해「소득세법」제14조 제②항에 따른 종합소득 과세표준에 합산하지 아니한다.

거주자가 계약기간 1년 이상 3년 이하인 '고위험고수익채권투자신탁'에 2015.12.31.까지 가입 시 1인당 투자금액 5,000만원(모든 금융회사에 투자한 투자신탁 등의 합계액) 이하인 투자신탁 등에서 받는 이자소득, 배당소득에 대해 소득세법 제14조 제②에 따른 종합소득 과세표준에 합산하지 아니하고, 계약기간 3년 이상 경과한 경우에 발생한 소득에 대해서는 분리과세 규정이 적용되지 않는다.

고위험고수익채권투자신탁의 가입자가 계약체결일로부터 1년 이내에 고위험고수익채권투자신탁을 해약 또는 환매하거나 그 권리를 이전하는 경우 분리과세를 적용하지 않는다,

다만, 가입자의 사망, 해외이주, 고위험고수익채권투자신탁을 해약 또는 환매하거나 그 권리를 이전하기 전 6개월 이내에 아래의 사유가 있는 경우 가입기간이 1년 이내에 고위험고수익채권투자신탁을 해약 또는 환매하거나 그 권리를 이전하는 경우에도 분리과세를 적용할 수 있다.

① 거주자인 경우: 천재지변, 가입자의 퇴직, 사업장의 폐업, 가입자의 3개월 이상의 입원 치료 또는 요양이 필요한 상해, 질병의 발생, 고위험고수익채권투자신탁 취급기관의 영업 정지, 영업인가 또는 허가의 취소, 해산결의 또는 파산선고 시

② 비거주자 또는 외국법인: 천재지변, 특별해지사유신고서를 고위험고수익채권투자신탁의 취급기관에 제출해야 한다.

-. 이자소득 분리과세 적용 금융상품
  ① 고위험고수익채권투자신탁

「자본시장과 금융투자업에 관한 법률」에 따른 집합투자기주, 투자일임재산 또는 특정금전신탁 등으로서 해당 채권투자신탁 등 설정일 또는 설립일로부터 매 3개월마다 비우량채권과 코넥스 상장주식을 합한 평균 보유비율이 45% 이상이고, 이를 포함한 국내 채권의 평균보유비율이 60% 이상일 것

이 경우 '평균보유비율'은 비우량채권과 코넥스 상장주식, 국내채권 각각의 평가액이 채권투자신탁 등의 평가액에서 차지하는 매일을 비율(=일일보유비율)을 3개월 동안 합산하여 같은 기간의 총일수로 나눈 비율로 한다.

* 일일보유비율을 계산할 때 채권투자신탁 등의 평가액이 투자원금보다 적은 경우로서 비우량채권과 코넥스 상장주식을 합한 일일보유비율 또는 이를 포함한 국내채권의 일일보유비율이 각각 45% 미만 또는 60% 미만인 경우 이를 각각 45% 또는 60%로 보아 계산한다.

② 비우량채권

「자본시장과 금융투자업에 관한 법률」 제335조의3 규정에 따라 신용평가업인가를 받은 자 2명 이상이 평가한 신용등급 중 낮은 신용등급이 BBB+ 이하(「전자단기사채 등의 발행 및 유통에 관한 법률」 제2조 제1호에 따른 전자단기사채의 경우 A3+ 이하)인 사채권을 말한다.

* 비우량채권 판단 시기

해당 채권이 비우량채권인 지 여부는 해당 채권이 고위험고수익채권투자신탁에 편입된 날을 기준으로 판단한다. 다만, 해당 채권이 고위험고수익채권투자신탁에 편입될 당시에는 비우량채권에 해당되지 아니하였으나 투자신탁 등에 편입된 후 비우량채권에 해당하게 된 경우에는 그 해당하게 된 경우에는 그 해당하게 된 날로부터 해당 채권을 비우량채권으로 본다.

③ 코넥스 상장주식

「자본시장과 금융투자업에 관한 법률 시행령」 제11조 제②항에 따른 코넥스시장에 상장된 주권을 말한다.

* 비우량채권 판단 시기

해당 채권이 비우량채권인 지 여부는 해당 채권이 고위험고수익채권투자신탁

에 편입된 날을 기준으로 판단한다. 다만, 해당 채권이 고위험고수익채권투자신탁에 편입될 당시에는 비우량채권에 해당되지 아니하였으나 투자신탁 등에 편입된 후 비우량채권에 해당하게 된 경우에는 해당하게 된 날로부터 해당 채권을 비우량채권으로 본다.

라. 개인종합자산관리계좌(ISA)에 대한 과세특례(조특법 제91조의18)

거주자인 개인이 개인종합자산관리계좌(ISA)에 가입하거나 또는 계약기간을 연장하는 경우 해당 계좌에서 발생하는 이자소득과 배당소득에 대해 비과세 한도액까지는 소득세를 부과하지 아니하며, 비과세 한도액을 초과하는 소득에 대해서는 9%의 세율로 원천징수하고, 분리과세 됨으로 금융소득 종합과세 대상에서도 제외된다.

다만, 계좌 가입일 또는 직전 연장일 직전 3개 과세기간동안 금융소득의 합계액이 1회 이상 2,000만원을 초과한 자(=금융소득 종합과세 대상자)는 해당 과세특례를 적용하지 아니한다.

-. 비과세요건
 ① 가입연령: 가입일 또는 연장일 기준 만19세 이상인 자
 ② 가입조건: 가입일 또는 연장일 기준 15세 이상인 자로서 가입일 또는 연장일이 속하는 과세기간의 직전과세기간에 근로소득이 있는 자(비과세소득만 있는 자는 제외)

-. 비과세 한도액
개인종합자산관리계좌(ISA)의 비과세 한도금액은 가입 당시를 기준으로 판단한다.

다음의 ①, ②, ③을 '서민형', ④를 '일반형' 이라고 한다.
① 직전 과세기간의 근로소득 총급여액이 5,000만원 이하인 거주자(직전 과세기간에 근로소득만 있거나 근로소득 및 종합소득 과세표준에 포함하지 아니하는 종합소득이 있는 자로 한정함)의 경우: 비과세한도 400만원
② 직전 과세기간의 종합소득 과세표준에 합산되는 종합소득금액이 3,800만원 이하인 거주자(직전 과세기간의 근로소득 총급여액이 5,000만원을

초과하지 아니하는 자로 한정함)의 경우: 비과세한도 400만원
③ 일정한 농어민(직전 과세기간의 종합소득 과세표준에 합산되는 종합소득금액이 3,800만원을 초과하는 자는 제외함): 비과세한도 400만원
④ 위에 해당하지 아니하는 자의 경우: 비과세한도 200만원

마. 개인투자용국채(Korea Saving Bond)에 대한 과세특례(조특법 제91조의23)

거주자가 발행일로부터 만기일까지의 기간이 10년 이상인 개인투자용국채에 대하여 다음 요건을 모두 갖춘 전용계좌를 통해 2027.12.31.까지 매입하여 총 2억원 까지의 매입금액에서 발생하는 이자소득에 대해 14%의 세율로 원천징수하며, 분리과세 소득으로서 금융소득 종합과세 대상에서도 제외한다.

거주자인 개인을 대상으로 한 저축성국채로서 2024년 06월 최초 발행되었고, 5년물, 10년물, 20년물 등 장기 상품으로 구성되며, 만기 시 원금과 이자를 일괄 수령한다.

상속, 유증, 강제집행 외 소유권 이전이 불가하며, 매입 1년 후부터 중도환매 신청 가능하나 표면금리만 적용되고 가산금리·복리·세제혜택은 적용되지 않는다.

- 비과세요건
   ① 거주자 1인당 1개만 가입할 수 있는 계좌일 것
   ② 개인투자용국채의 매입에만 사용되는 계좌일 것
   ③ 납입금액은 최소 10만원 이상부터 연간 최대 2억원까지일 것

(3) 금융실명거래법에 의한 분리과세 이자소득(「금융실명거래 및 비밀보장에 관한 법률」 제5조)

가. 비실명 금융자산으로서 금융회사를 통해 지급받는 이자: 90% 세율로 원천징수

나. 1997.12.31.~1998.12.29.까지 발행된 비실명채권에서 발생된 이자: 20% (2001.01.01. 이후에는 15%) 분리과세 세율로 원천징수

비실명채권 종류	채권 발행일자	채권 만기
고용안정채권	1998.03.30.~1998.07.29.	5년
외국환평형기금채권	1997.12.31.~1998.03.30.	1년
중소기업구조조정채권	1998.11.09.~1998.12.29.	5년
증권금융채권	1998.09.01.~1998.10.31.	5년

다음의 경우에는 이자소득으로 보지 아니한다(소통 16-0…1).
① 물품을 매입할 때 대금의 결제방법에 따라 에누리되는 금액
② 외상매입금이나 미지급금을 약정기일 전에 지급함으로써 받는 할인액
③ 물품을 판매하고 대금의 결제방법에 따라 추가로 지급받는 금액
④ 외상매출금이나 미수금의 지급기일을 연장하여 주고 추가로 지급받는 금액. 이 경우 그 외상매출금이나 미수금이 소비대차로 전환된 경우에는 예외로 한다. 소비대차로 전환되어 발생하는 이자는 비영업대금의 이익에 해당된다.
⑤ 장기할부조건으로 판매함으로써 현금거래 또는 통상적인 대금이 결제방법에 의한 거래의 경우보다 추가로 지급받는 금액. 다만, 당초 계약내용에 의하여 매입가액이 확정된 후 그 대금의 지급지연으로 실질적인 소비대차로 전환되어 발생되는 이자는 이자소득(비영업대금의 이익)으로 본다.

사업과 관련하여 재화 또는 용역을 공급하고 대가를 수령하는 경우 대가의 지연지급에 따른 연체이자에 대한 세법상의 취급은 다음과 같다.(소법 제160조의2 제②항 단서, 소령 제208조의2, 소칙 제95조의2, 8의5).

사업자가 재화나 용역을 공급하고 거래상대방이 대가를 지연 지급함에 따라 해당 사업자가 지급받는 **연체료**는 부가가치세 과세표준의 해당 여부에 불구하고 해당 사업의 **총수입금액**에 산입하는 것이다.(소법 해석편람 24-3-14).

재화의 공급계약 또는 용역의 공급계약 등에 의하여 확정된 대가의 지급지연으로 인한 연체이자는 재화나 용역의 공급대가가 아니므로 세금계산서 또는 계산서 교부대상이 아니다. 연체이자에 대하여 실질적인 소비대차로 전환하기 전까지는 이자소득이 아님으로 지급 시에 원천징수의무는 없으며, 소득세법상의 지출

증빙서류 특례대상으로서 정규증빙 수취의무가 없다.

외상매출금이나 미수금의 지급기일을 연장하여 주고 추가로 지급받는 금액은 원천징수대상 이자소득에 해당하지 아니하지만, 그 외상매출금이나 미수금이 금전 소비대차로 전환되어 발생되는 이자는 이자소득세 과세대상에 해당한다.(서이 46013-11968, 2003.11.14.)

4. 이자소득의 수입시기 및 원천징수세율

(1) 이자소득의 수입시기

이자소득은 소득의 발생시점과 수령시점이 다를 수 있어 이자소득에 대한 수입시기에 따라 금융소득 종합과세 여부 및 원천징수 시기가 달라질 수 있다. 수입시기(=귀속연도)란 총수입금액이나 필요경비가 발생한 시기를 말하는 데, 소득세는 개인에게 연도별로 과세소득을 산정하여 총수입금액과 필요경비가 어떤 과세기간에 귀속되는지 여부에 따라 과세되는 소득 및 세액이 달라지게 된다.

우리나라의 소득세법상 수입시기는 원칙적으로 권리의무 확정주의를 취하고 있으며, 세법에서 달리 규정한 경우를 제외하고는 해당 기업회계기준 또는 관행에 따르도록 규정하고 있다.

┃ 수입시기와 원천징수시기가 다른 금융소득 ┃

금융소득	귀속시기	원천징수시기
금융회사 등이 매출, 중개하는 어음이자, 할인액 중 고객이 할인매출일에 원천징수를 선택한 경우	· 약정에 의한 지급일. · 기일전에 상환 시에는 그 상환일(소령 제45조 제3호)	· 의제지급시기는 할인매출하는 날 (소령 제190조 제1호)
법인이 배당처분 결정일로부터 3개월이 되는 날까지 배당금을 지급하지 아니한 때	· 잉여금 처분 결의일 (소령 제46조 제2호)	· 잉여금처분결의일로부터 3개월이 되는 날(소법 제131조 제①항)
동업기업으로부터 배분받은 소득으로서 과세기간 종료 후 3개월이 되는 날까지 지급하지 아니한 때	· 과세연도 종료일 (소령 제50조의2 제①항)	· 동업기업 과세기간 종료 후 3개월이 되는 날이 되는 날 (소령 제190조 1호의3)

금융소득	귀속시기	원천징수시기
중소기업창업투자조합 또는 신기술사업투자조합에 귀속되는 이자	· 당해 이자가 투자조합에 귀속되는 때임	· 의제급시기는 조합이 조합원에게 이자소득을 지급하는 때

　지급시기는 이자소득 또는 배당소득을 실제로 지급하는 날을 말하는 것으로서 원천징수되는 이자소득 또는 배당소득에 대한 납세의무가 성립 및 확정되는 것으로 이자소득 또는 배당소득을 지급하는 자, 즉 원천징수의무자는 이자 또는 배당소득의 지급하는 시점에 이자소득세 또는 배당소득세(지방소득세 별도)를 원천징수하여 다음달 10일까지 원천징수의무자의 관할세무서에 납부해야 한다.

　이자소득은 수입시기와 지급시기가 동일한 경우가 대부분이지만, 간혹 다른 경우도 있음으로 이를 확인해야 한다.

　현행 소득세법에서는 소령 제45조 및 제50조의2 규정에 이자소득에 대한 수입시기, 즉 귀속시기에 대하여 금융상품의 종류별로 열거하고 있으며, 이자소득을 지급하는 자는 이자소득을 지급하는 때에 그 소득에 대한 원천징수 세율을 적용하여 소득세를 원천징수를 해야 한다. 이 경우 이자의 종류에 따라 약간씩 다르므로 그 내용을 살펴보면 다음과 같다.

[이자소득에 대한 수입금액 귀속시기]

　가. 보통예금 · 정기예금 · 적금 또는 부금의 이자.
　　-. 원칙: 이자를 실제로 지급받은 날.
　　-. 예외: 원본전입 특약이 있는 경우 – 원본전입일.
　　　해약으로 인하여 지급되는 경우 – 해약일.
　　　계약기간을 연장하는 경우 – 그 연장하는 날.
　　　정기예금연결정기적금의 경우 – 정기예금 또는 정기적금이 해약되거나 그 저축기간이 만료되는 날.
　나. 양도가능한 채권* 등의 이자와 할인액.
　　-. 무기명의 경우: 그 지급을 받은 날.
　　-. 기명의 경우: 약정에 의한 이자지급 개시일. 다만, 기일 전에 상환하는 때에는 그 상환일.

* 양도가능한 채권 등이란?
  금융회사 등이 발행한 예금증서 및 이와 유사한 증서 및 어음(금융회사 등이 발행, 매출, 중개하는 어음을 포함하며, 상업어음은 제외).
다. 통지예금5)의 이자: 인출일.
라. 환매조건부 채권 또는 증권의 매매차익: 약정에 의한 환매수일 또는 환매도일. 다만, 기일전에 환매수 또는 환매도의 경우: 그 환매수일 또는 환매도일.
마. 저축성보험의 보험차익: 보험금·해약환급금의 지급일. 다만, 기일전에 해지 시 해지일.
바. 직장공제회 초과반환금: 약정에 따른 공제회반환금의 지급일. 다만, 반환금을 분할하여 지급 시 원본에 전입하는 뜻의 특약이 있는 납입금 초과이익은 특약에 따라 원본에 전입한 날
사. 비영업대금의 이익: 약정에 의한 이자지급일. 다만, 약정이 없거나 약정일 전에 지급받는 경우 또는 회수불능채권으로서 총수입금액 계산에서 제외하였던 이자를 지급받는 경우 그 이자지급일.

* 비영업대금의 이익의 총수입금액을 계산할 때 과세표준 확정신고 전 또는 과세표준과 세액의 결정·경정 전에 해당 비영업대금이 회수할 수 없는 채권에 해당되어 채무자 또는 제3자로부터 원금 및 이자의 전부 또는 일부를 회수할 수 없는 경우에는 회수한 금액에서 원금을 먼저 차감하여 계산한다. 이 경우 회수한 금액이 원금에 미달하는 때에는 총수입금액은 없는 것으로 한다(소령 제51조 제⑦항).
그러나, 2014.02.21. 소득세법 시행령 제51조 제⑦항 개정으로 비영업대금의 이익의 총수입금액을 계산할 때 해당 과세기간에 발생한 비영업대금의 이익에 대하여 과세표준 확정신고 전에 해당 비영업대금이 채무자의 파산, 강제집행, 형의 집행, 사업의 폐지, 사망, 실종 또는 행방불명으로 회수할 수 없는 채권(=법령 제19조의2 ①항 제8호)에 해당되어 채무자 또는 제3자로부터 원금 및 이자의 전부 또는 일부를 회수할 수 없는 경우에는 회수한 금액에서 원금을 먼저 차감하여 계산한다. 이 경우

---

5) 기업으로부터 비교적 큰 단위의 일시적 여유자금 예치를 유도하기 위한 것으로, 일정의 거치기간(정기예금보다 훨씬 단기)이 경과된 후 2일 이전의 예고로써 인출이 가능하며, 정기예금처럼 예입기간이 길지는 않으나 보통예금처럼 예고없이 수시로 인출되는 것이 아니기 때문에 비교적 안정성이 있는 예금이다. 금리는 정기예금보다는 낮으나 보통예금보다는 높다.

회수한 금액이 원금에 미달하는 때에는 총수입금액은 없는 것으로 한다(소령 제51조 제⑦항). 이 규정은 2014.02.21.이후 확정 신고하는 분부터 적용한다.

아. 채권 등의 보유기간 이자상당액: 채권 등의 매도일 또는 이자 등의 지급일.
자. 이자소득이 발생하는 자산의 상속 또는 증여 시: 상속개시일 또는 증여일.
차. 동업기업으로부터 배분받은 이자소득: 해당 동업기업의 과세연도 종료일
카. 기타 금전의 사용에 따른 대가로서의 성격이 있는 유사 이사소득 및 이자 부상품 결합 파생상품에 따른 이자와 할인액: 약정에 의한 상환일. 다만, 기일전에 상환 시 그 상환일.

비영업대금의 수입시기: 국심 2004부 1524, 2004.07.08.
원금반환약정일 전의 이자는 금전차용증서상의 이자지급일에 속하는 연도를 귀속연도로 하고, 원금을 변제하지 못하여 원금반환약정일 이후 법원으로부터 받는 배당금은 지급받은 날이 속하는 연도를 귀속연도로 하는 것임.

채권 회수 시 원금 및 이자의 우선 변제 순위: 법이75, 2012.01.19.
차입금과 이자의 변제에 관한 특별한 약정이 없이 일부 금액만을 변제한 경우에는 이자를 먼저 변제한 것으로 보는 것이며, 비영업대금의 이익은 소령 제51조 제⑦항의 규정을 준용하는 것임

법원 판결에 의하여 지급받는 법정이자의 소득구분: 기획재정부 소득-183, 2010.04.12.
임대차기간 만료 후 임대인이 임대보증금을 지체하여 반환함으로써 법원의 판결에 따라 임차인이 지급받는 법정이자는 기타소득에 해당하는 것임.

> **예규: 비금융업자의 어음할인료는 비영업대금의 이익에 해당**
>
> 문서번호: 재정경제부 소득세제과-567, 2007.10.01.
>
> 금융업을 영위하는 사업자 이외의 자가 어음을 할인하고 할인료를 받는 경우 동 할인료는 비영업대금의 이익으로서 「소득세법」 제16조 제①항 제12호(현재 제 11호)의 규정에 의한 이자소득에 해당되는 것이므로 「소득세법」 제129조 제①항 제1호 나목에 의하여 소득세를 원천징수하는 것임.
>
> 비금융업자가 어음을 할인하고 지급받는 할인료는 비영업대금의 이익으로 25% 원천징수 세율을 적용하는 것임.

(2) 원천징수의무자

1) 원천징수의무자

국내에서 거주자 또는 비거주자 등에게 원천징수 대상 이자소득 또는 배당소득을 지급하는 자(개인 또는 법인)는 세법 규정에 따른 소득세, 법인세, 지방소득세 등을 원천징수하여 국가 또는 지방자치단체에 해당 원천징수세액을 납부할 의무를 진다.

원천징수를 하여야 할 자를 대리하거나 또는 그 위임을 받은 자의 행위는 수권 또는 위임의 범위에 본인 또는 위임인의 행위로 보아 원천징수의무를 적용한다.

-. 금융회사 등이 내국인 또는 내국법인이 발행한 어음, 채무증서, 집합투자증권을 인수, 매매, 중개 또는 대리하는 경우: 금융회사 등과 내국인 또는 내국법인간에 대리 또는 위임관계가 있는 것으로 본다.

-. 금융회사 등이 외국법인이 발행한 채권 또는 증권에서 발생하는 이자소득을 거주자에게 지급하는 경우: 국내에서 그 지급을 대리하거나 또는 그 지급권한을 위임 또는 위탁받은 자가 그 소득에 대한 소득세를 원천징수 하여야 한다.

이자소득은 실제로 지급하는 시점에서 원천징수를 해야 하나, 이자소득을 실제로 지급하지는 않았으나 지급한 것으로 보아 원천징수를 해야 하는 것을

'지급시기 의제'라고 하며, 이 경우 실제로 이자를 지급하지 아니하였다고 하더라도 지급한 것으로 보아 이자소득세를 원천징수하여 관할세무서에 다음달 10일(반기별납부의 경우 7월 10일 또는 다음해 1월 10일까지 원천징수이행상황신고서에 기재하여 납부해야 한다.

국내에서 거주자나 비거주자에게 이자소득을 지급하는 자는 그 거주자 또는 비거주자에 대한 소득세를 원천징수해야 한다(소법 제127조 ①). 원천징수대상이 되는 이자소득의 범위(소통 127-0…4)에는 채권자가 불분명한 차입금의 이자로서 필요경비 불산입된 이자는 원천징수대상이 되는 이자소득에 해당한다. 다만, 이 경우 가공차입금에 대한 이자임이 명백한 것은 제외한다. 법원의 판결에 의하여 지급하는 손해배상금에 대한 법정이자는 원천징수대상이 되는 이자소득에 해당하지 아니한다.

내국법인에게 이자소득을 지급하는 경우 지방소득세 소득분을 특별징수(=원천징수)하지 않는다(지령 제92조).

(3) 원천징수시기

원천징수의무자는 이자소득을 지급하는 때에 그 소득금액에 대한 원천징수세율을 적용하여 계산한 소득세를 원천징수해야 한다.

또한 지방세법 규정에 따라 이자소득에 대해 특별징수세율을 적용하여 특별징수(=소득세법상의 원천징수와 동일)를 해야 한다.

(4) 원천징수세율

이자소득을 개인에게 지급하는 자(=원천징수의무자)는 일반적으로 14%의 원천징수세율을 적용하여 원천징수를 해야 한다. 금융상품의 종류에 따라 원천징수세율이 달라지므로 유의해야 하며, 이자소득에 대한 원천징수세율은 다음의 표와 같다(소법 제127조 제①항 제1호, 제2호, 소법 제128조).

금융회사 등이 지급하는 이자소득 등에 대한 원천징수세율

구 분		원천징수세율
무조건 분리과세	2017.12.31. 이전에 발행한 장기채권의 이자와 할인액으로서 분리과세를 신청한 장기채권의 이자	30%
	직장공제회 초과반환금	연분연승법에 의한 기본세율
	비실명 이자소득 중 · 소득지급자가 금융회사인 경우 · 소득지급자가 금융회사가 아닌 경우	90% 45%
	법원보관금의 이자소득	14%
	1거주자로 보는 법인격없는 단체가 받는 이자소득	14%
	조세특례제한법에 따라 분리과세하는 이자소득	5%, 9%, 14%
조건부 종합과세	일반적인 이자소득 온라인투자연계금융업자로부터 받는 이자소득	14% 14%
무조건 종합과세	비영업대금의 이익	25%
	출자공동사업자의 배당소득	25%

* 무조건 분리과세 금융소득은 지급자의 완납적 원천징수로써 소득자의 소득세 납세의무가 종결되는 것이며, 무조건 종합과세 대상 금융소득은 거주자인 개인의 연간 금융소득의 크기에 관계없이 소득세 확정 신고납부 대상이 되는 것이다.

과세기간별 이자소득에 대한 원천징수 세율표

구분	2001.01.~	2002.01.~	2005.01.~	2013.01.~	2018.01.~	2019.01.~	2020.01.~	2023.01.~
비실명이자	90% (40%)[*1]	90% (36%)[*1]	90% (35%)[*1]	90% (38%)[*1]	90% (40%)[*1]	90% (42%)[*1]	90% (42%)[*1]	90% (45%)[*1]
장기저축, 채권 이자	30%	30%	30%	30%	30% (2017.12.31. 이전 가입분에 한함)	30% (2017.12.31. 이전 가입분에 한함)	30% (2017.12.31. 이전 가입분에 한함)	30% (2017.12.31. 이전 가입분에 한함)
비영업 대금이익	25%	25%	25%	25%	25%	25%	25% (14%)[*2]	25% (14%)[*2]
기타이자	15%	15%	14%	14%	14%	14%	14%	14%
적용시기	2001.01.01. 이후 최초로 발생하여 지급하는 분부터 적용	2002.01.01. 이후 발생하는 분부터 적용	2005.01.01. 이후 발생하는 분부터 적용	2013.01.01. 이후 발생하는 분부터 적용	2018.01.01. 이후 발생하는 분부터 적용	2019.01.01. 이후 발생하는 분부터 적용	2020.01.01. 이후 발생하는 분부터 적용	2023.01.01. 이후 발생하는 분부터 적용

*1. (   )는 금융회사가 아닌 일반회사가 지급하는 비실명이자에 대한 원천징수 세율임
*2. 온라인투자연계금융업자가 지급하는 이자는 원천징수세율이 14%임

5. 이자소득금액의 산출

이자소득금액은 해당 과세기간의 총수입금액에서 비과세 및 분리과세 이자소득은 제외한 금액을 말한다. 이자소득은 이자소득금액과 동일하며, 필요경비가 인정되지 않는다.

> 이자소득금액
> = 이자소득 총수입금액(이자소득 총액 - 비과세, 분리과세 이자소득)

제3장

배당소득

1. 배당소득 과세대상 금융상품

'배당'이란 법인 또는 법인으로 보는 단체로부터 주주 또는 출자자가 출자 비율에 따라 분배받는 이익을 말한다. 현행 소득세법상의 배당소득이란 당해 과세기간에 발생한 다음의 소득을 말한다.(소법 제17조 제①항).

배당소득은 현행 소득세법상 원칙적으로 열거주의 과세방식을 취하고 있어 열거된 소득에 대해 배당소득세를 과세하며, 열거되지 않았다고 하더라도 배당과 유사한 소득으로서 수익분배의 성격이 있는 것을 배당소득으로 과세하는 유형별 포괄주의 과세방식을 예외적으로 채택하고 있다.

가. 내국법인으로부터 받는 이익이나 잉여금의 배당 또는 분배금, 상법 제463조에 따른 건설이자의 배당
나. 법인으로 보는 단체로부터 받는 배당 또는 분배금.
다. 「법인세법」 제5조 제②항에 따라 내국법인으로 보는 신탁재산('법인세 과세 신탁'재산)으로부터 받는 배당금 또는 분배금
라. 의제배당.
마. 법인세법에 의하여 배당으로 처분된 금액(=인정배당).
바. 국내 또는 국외에서 받는 집합투자기구로부터의 이익.
    거주자가 분배받은 이익이 배당소득으로 과세되는 '집합투자기구'란 다음

요건을 모두 충족한 경우를 말한다.
- '자본시장과 금융투자업에 관한 법률'에 따른 집합투자기구(보험회사의 특별계정은 제외하되, 금전의 신탁으로서 원본을 보전하는 것은 포함한다)일 것.
- 해당 집합투자기구의 설정일로부터 매년 1회 이상 결산 및 분배를 할 것. 다만, 집합투자재산의 평가이익 등의 이익금은 분배를 유보할 수 있으며, 집합투자재산 운용에 따라 발생한 이익금이 0보다 적은 경우에도 분배를 유보할 수 있다(집합투자규약에서 정하는 경우에 한함).

집합투자기구로부터의 이익은 집합투자증권의 판매 및 환매에 따른 각종 보수 및 수수료를 차감한 금액을 말하며, 퇴직금일시신탁의 이익(또는 분배금)은 포함하지 않는다. 집합투자기구로부터 받는 이익은 배당소득으로 과세하되, 집합투자기구 이외의 신탁의 이익은 그 신탁에서 발생한 소득의 내용별로 구분하여, 이자소득·배당소득·양도소득 등으로 과세한다.

집합투자기구로부터의 이익 중 다음 중 어느 하나에 해당하는 증권 또는 장내파생상품의 거래손익 또는 평가손익은 과세대상에 포함되지 않는다(소령 제26조의2 ④).

집합투자기구로부터의 이익 중 배당소득 과세대상 제외 손익

1. 증권시장에 상장된 증권(양도가능한 채권 등과 외국 법령에 의해 설립된 집합투자기구의 주식 또는 수익증권은 제외)
2. 벤처기업의 주식과 출자지분
3. 위의 증권을 대상으로 하는 장내파생상품

사. 국내 또는 국외에서 받는 파생결합증권 또는 파생결합사채로부터의 이익
아. 외국법인으로부터 받는 이익이나 잉여금의 배당 또는 분배금
자. 「국제조세조정에 관한 법률」 제27조 규정에 따른 조세피난방지세제에 따라 특정외국법인의 배당가능한 유보소득 중 내국인이 배당받은 것으로 간주된 금액 → 간주배당 이라고 한다.

차. 출자공동사업자의 배당소득
「소득세법」 제43조에 따른 공동사업에서 발생하는 소득금액 중 출자공동사업자(경영에 참여하지 않고 출자만 하는 자를 말함)의 손익분배비율에 해당하는 금액.

카. 위 '가~아' 까지의 규정에 따른 소득과 유사한 소득으로서 수익분배 성격이 있는 것(=유사배당소득)

타. 위 '가~차' 까지의 규정 중 어느 하나에 해당하는 소득을 발생시키는 거래, 행위와 파생상품이 결합된 경우 해당 파생상품의 거래, 행위로부터의 이익(=배당부상품 결합 파생상품의 이익)

위에서 열거한 각 호별 배당소득의 종류에 대하여 보다 자세한 내용을 살펴보기로 한다.

가. 나. 내국법인으로부터 받는 이익이나 잉여금의 배당 또는 분배금, 상법 제463조에 따른 건설이자의 배당 및 법인으로 보는 단체로부터 받는 배당 또는 분배금.

현행 소득세법상의 과세대상 배당소득을 크게 3가지로 분류하자면, 주주총회(또는 이사회)에 의한 실지배당, 의제배당, 인정배당 3가지로 나눌 수 있다.

-. 일반적인 법인의 배당(=실지배당)
실지배당(=이익배당)이란? 주주(또는 사원)총회를 거쳐 결의된 이익(또는 잉여금)을 주주에게 배당하기로 한 것을 말하며, 통상 '배당'이라고 하는 것은 이익배당을 말한다. 이익배당은 현금배당과 주식배당으로 나눌 수 있다. 상법이 개정되어 주주(또는 사원)총회에서 결의가 없더라도 이사회에서 중간배당을 결의할 수 있다.
실지배당을 살펴보면, 이익배당, 건설이자의 배당, 법인으로 보는 단체로부터의 배당, 집합투자기구로부터 받는 이익 등이 있다.

법인의 이익 또는 잉여금의 배당 또는 분배금은 법인이 결산 후 이익 또는 잉여금을 주주총회 또는 사원총회 결의에 따라 처분하여 분배하거나 배당하는 것을 말한다.

> **소통칙 17-0…1: 하자로 배당이 취소되어 반환하는 때의 과세**
> - 주주총회의 결의에 따라 배당을 받았으나 그 배당결의에 하자가 있어 배당금을 반환하는 경우에는 그 배당소득은 없는 것으로 본다.
>
> **소통칙 17-0…2: 이자지급조건과 동일한 상환주식에 대한 배당**
> - 상환주식에 대한 배당 지급조건이 차입금에 대한 이자 지급조건과 동일한 경우에도 그 지급금은 배당소득으로 본다.

> ¶ 예규: 재개발 사업기간 중 발생한 이익을 조합원이 조합 해산전에 분배받은 경우 해당대가의 소득구분(서이 46012-11344, 2023.07.16.)
> - 「도시재개발법」에 따른 도시재개발법상의 조합원으로 참여한 자가 재개발사업의 완료로 재개발조합이 해산되기 전에 해당 사업기간 동안 발생한 이익 중 일부를 조합으로부터 분배받은 경우 그 분배받은 금액은 배당소득에 해당.
> - 조합원이 소유하던 토지, 건물의 에 대한 대가로 조합으로부터 새로운 아파트를 취득할 수 있는 권리와 같은 법 제42조의 규정에 의한 청산금을 교부받은 경우 청산금을 교부받은 부분은 종전의 토지, 건물을 조합에게 유상이전에 따른 대가에 해당하는 것임
>   → 양도소득세 과세대상임.

-. 상법 제463조 규정에 따른 건설이자의 배당

주식회사가 거대 설비를 필요로 하고 건설에 장시간에 소요되는 전력, 가스, 수도, 운하, 대규모 공장 등 회사의 목적 사업의 성질상 그 회사가 설립 후 2년 이상 영업의 전부를 개시하기가 불가능하다고 인정될 경우 일정 주식에 대해 이익이 없다고 하더라도 개업 전 일정기간동안 이자(연 5%를 초과하지 못함)를 그 주주에게 배당하는 것을 '건설이자의 배당' 이라고 한다. (부칙 제11146호, 2012.01.01. 소법 제17조 제①항 개정규정은 20212.04.15. 부터 시행)

이는 장래에 지출될 이익을 선급한 것이므로 자본의 차감항목으로 기재하고 배당건설이자의 상각은 이익잉여금 처분으로 계상한다.

다. 「법인세법」 제5조 제②항에 따라 내국법인으로 보는 신탁재산('법인 과세 신탁재산')으로부터 받는 배당금 또는 분배금

-. 법인 과세 신탁재산이란 다음 중 하나에 해당하는 신탁으로서 대통령령으로 정하는 요건을 충족하는 신탁을 말한다.(2021.01.01. 이후 신탁계약 체결 분부터 적용한다)
① 「신탁법」 제3조 제①항 각 호 외의 부분 단서에 따른 목적신탁
② 「신탁법」 제78조 제②항에 따른 수익증권발행신탁
③ 「신탁법」 제114조 제①항에 따른 유한책임신탁
④ 그 밖에 상기의 ①~③항 까지의 규정에 따른 신탁과 유사한 신탁으로서 대통령령으로 정하는 신탁

라. 의제배당

'의제배당' 이란? 법인의 이익(또는 잉여금)에 대하여 형식적인 주주총회(또는 사원총회)의 결의를 거치지는 않았지만 실질적으로 주주, 사원, 출자자에게 배당을 한 것과 같은 경제적 이익을 주는 경우 그 경제적 이익을 배당으로 간주하는 것을 말한다(소령 제27조 제②항).

따라서, 의제배당은 주식소각, 법인해산, 법인합병, 법인분할 등으로 교부받은 금전 및 기타 재산의 가액에서 당해 주식 등의 취득에 소요된 금액을 차감한 금액이 되며, 소액주주에 해당하고 당해 주주의 수가 다수이거나 그 주식의 빈번한 거래 등으로 주식의 취득에 소요된 금액이 불분명한 경우에는 당해 주식 등의 액면가액을 주식 등의 취득에 소요된 금액으로 본다(다만, 단기소각의 경우 및 해당 주주가 액면가액이 아닌 다른 가액을 입증한 경우는 제외함).

의제배당금액은 다음과 같이 산출한다.
① 주식소각, 자본감소, 퇴사 및 탈퇴, 출자감소의 경우 의제배당금액 :
= 주식 소각, 자본감소 등으로 받는 재산가액 – 소멸하는 주식 등의 취득가액
② 법인해산 시*의 의제배당금액:
= 잔여재산분배로 받는 재산가액 – 소멸하는 주식 등의 취득가액

* 내국법인이 조직 변경하는 경우로서 다음에 해당하는 경우에는 의제배당에서 제외한다.

- 상법에 따라 조직 변경하는 경우.
- 특별법에 따라 설립된 법인이 해당 특별법의 개정 또는 폐지에 따라 상법에 따른 회사로 조직 변경하는 경우.
- 변호사법에 따라 법무법인이 법무법인(유한회사)으로 조직 변경하는 경우 또는 관세사법에 따라 관세사법인이 관세법인으로 조직 변경하는 경우.

③ 법인합병시의 의제배당금액: 합병대가 - 소멸하는 주식 등의 취득가액
④ 법인분할시의 의제배당금액: 분할대가 - 소멸하는 주식 등의 취득가액
⑤ 잉여금의 자본전입으로 인한 의제배당: 교부받은 주식수 x 주식 액면가액

의제배당액의 계산 시에 금전 이외의 재산가액은 다음 방법에 따라 산출한다.
-. 취득하는 재산이 잉여금의 자본전입, 법인합병, 법인분할 등에 의한 주식(또는 출자지분)일 경우: 그 주식의 액면가액(또는 출자가액)
-. 상법 제462조의2 규정에 의한 주식배당의 경우 그 발행가액
-. 기타의 경우: 취득 당시의 시가

> **유한회사 출자임원 퇴사 시 잉여금처분에 의하여 받는 금액의 소득구분(소득 해석편람 17-2-1)**
> 유한회사의 출자임원이 해당 회사를 퇴사하면서 퇴직급여지급규정에 의하여 지급받는 퇴직금은 소득세법 제22조의 규정에 의하여 퇴직소득에 해당되는 것이나, 잉여금의 처분에 의하여 지급받는 금액은 퇴직금 명목으로 지급받는 경우에도 소법 제17조의 규정에 의하여 배당소득에 해당된다.

마. 법인세법에 의하여 배당으로 처분된 금액(=인정배당).

인정배당이란? 법인세법 제67조 규정에 따라 법인이 법인세 과세표준 신고를 하거나 또는 정부가 법인세 과세표준을 결정하거나 또는 경정함에 있어 세무조정에 따라 익금에 산입하는 금액 또는 손금불산입할 금액의 귀속이 주주 또는 출자자에게 귀속되는 경우 해당 주주 등에게 귀속시키는 금액을 말한다.

즉, 인정배당은 법인의 주주총회 또는 사원총회 등을 거치지 않은 상태에서 법인이 주주 등에게 임의로 이익을 분여한 것으로 확인되는 경우 그 금액을 말한다.

인정배당이란, 법인세법에 의하여 법인의 과세표준 및 세액을 신고하거나 과세관청이 법인세 과세표준 및 세액을 결정 또는 경정함에 있어 법인세법상의 소득처분에 의하여 익금산입 또는 손금불산입할 금액의 귀속이 당해 법인의 주주 또는 출자자인 경우 그 금액을 배당소득으로 보아 과세하는 것을 말한다. 이 경우 주주, 사원 또는 출자자가 임원인 경우에는 배당소득으로 과세하는 것이 아니고 상여로 보아 근로소득세를 과세한다.

예를 들어 '갑'이라고 하는 주주가 출자하고 있는 A법인으로부터 자금을 차입하면서 이자를 지급하지 않는 경우 법인세법상 '갑' 주주와 A법인은 특수관계자로서 자금을 무상으로 대여함으로 인하여 A법인은 '갑' 주주에게 대여한 자금의 이자상당액만큼 익금산입을 해야 하고, '갑' 주주는 이자상당액만큼 배당처분(=인정배당)을 받게 된다. A법인은 '갑' 주주에 대하여 배당소득세를 원천징수해야 하는데, 이를 실무상 '인정배당'이라고 한다.

> **하자로 배당이 취소되어 반환한 때의 과세(소통 17-0-…1)**
> 주주총회의 결의에 따라 배당을 받았으나 그 배당결의에 하자가 있어 배당금을 반환한 경우에는 그 배당소득은 없는 것으로 한다.
>
> **주식워런트증권의 만기 시 권리행사로 발생하는 소득에 대한 과세여부: 서면1팀-437, 2005.04.22.**
> 거주자가 주식워런트증권(ELW)의 권리행사를 통해 만기 시 지급받는 소득은 이자소득, 배당소득 및 기타소득에 해당하지 않는 것임.

바. 국내 또는 국외에서 받는 집합투자기구로부터의 이익.

거주자가 분배받은 이익이 배당소득으로 과세되는 '집합투자기구'란 다음 요건을 **모두 충족**한 경우를 말한다.(소령 제26조 제②항). 통상 '펀드' 라고 한다.

① 「자본시장과 금융투자업에 관한 법률」에 따른 집합투자기구(보험회사의 특별계정은 제외하되, 금전의 신탁으로서 원본을 보전하는 것은 포함한다)일 것.

② 해당 집합투자기구의 설정일로부터 매년 1회 이상 결산 및 분배를 할 것. 다만, 집합투자재산의 평가이익 등의 이익금은 분배를 유보할 수 있으며, 집합투자재산 운용에 따라 발생한 이익금이 0보다 적은 경우에도 분배를 유보할 수 있다.(집합투자규약에서 정하는 경우에 한함).

③ 금전으로 위탁받아 금전으로 환급할 것(금전 이외의 자산으로 위탁받아 환급하는 경우로서 그 위탁가액과 환급가액 모두 금전으로 표시된 것을 포함) 집합투자기구로부터의 이익은 집합투자증권의 판매, 환매에 따른 각종 보수, 수수료를 차감한 금액을 말하며, 퇴직금일시신탁의 이익(또는 분배금)은 포함하지 않는다. 집합투자기구로부터 받는 이익은 배당소득으로 과세하되, 집합투자기구 이외의 신탁의 이익은 그 신탁에서 발생한 소득의 내용별로 구분하여, 이자소득·배당소득·양도소득 등으로 과세한다.

상기의 ①, ②, ③의 요건 적용 시 해외에서 설정된 집합투자기구는 위 각 호의 ①, ②, ③의 요건을 갖추지 않아도 위에 따른 집합투자기구로 본다. (소령 제26조의2 제②항)

참고로 개인이 상기의 요건을 충족한 집합투자기구로부터 받는 이익금은 배당소득에 해당된다. 또한 법인에게도 배당소득에 해당되며, 집합투자기구에 대한 이익을 지급하는 자는 배당소득세를 이익금의 14% 원천징수세율로 원천징수하게 된다.

집합투자기구로부터의 이익 중 다음 중 어느 하나에 해당하는 증권 또는 장내파생상품의 거래손익 또는 평가손익은 **과세대상에 포함되지** 않는다.(소령 제26조의2 ④).

집합투자기구로부터의 이익 중 배당소득 과세대상 제외 손익

1. 증권시장에 상장된 증권(양도가능한 채권 등과 외국 법령에 의해 설립된 집합투자기구의 주식 또는 수익증권은 제외)
2. 벤처기업의 주식과 출자지분
3. 위의 증권을 대상으로 하는 장내파생상품

참고로, 개인이 상장지수펀드(ETF)에 투자하여 배당을 받거나 또는 매매한 경우 다음과 같이 과세가 달라지게 된다.

┃상장지수펀드(ETF)에 대한 과세 요약┃

구분	국내주식형ETF	국내상장 해외ETF	해외상장ETF
일반계좌	· 매매차익 비과세 · 분배금 14% 원천징수	· 매매차익 14% 과세 · 배당소득 14%	· 매매차익 20% 과세(250만원 기본공제) · 분배금 14%
연금저축	· 연금수령 시 3~5% 연금소득으로 원천징수	연금수령 시 3~5% 연금소득으로 원천징수	-
개인종합자산관리계좌(ISA)	매매차익 및 배당 200만원(서민형은 400만원) 비과세, 초과액은 9% 분리과세	매매차익 및 배당 200만원(서민형은 400만원) 비과세, 초과액은 9% 분리과세	-

사. 국내 또는 국외에서 받는 파생결합증권 또는 파생결합사채로부터의 이익

개인이 국내 또는 국외에서 받는 파생결합증권 또는 파생결합사채로부터 받는 이익은 다음의 어느 하나에 해당하는 이익을 말하는 것이다.(소령 제26조의3 제①항)

① 「자본시장과 금융투자업에 관한 법률」 제4조 제⑦항에 따른 파생결합증권으로부터 발생한 이익. 다만, 당사자 일방의 의사표시에 따라 증권시장 또는 이와 유사한 시장으로서 외국에 있는 시장에서 매매거래되는 특정 주권의 가격이나 주가지수 수치의 변동과 연계하여 미리 정해진 방법에 따라 주권의 매매나 금전을 수수하는 거래를 성립시킬 수 있는 권리를 표시하는 증권 또는 증서로부터 발생한 이익은 제외한다.
② 파생결합증권 중 「자본시장과 금융투자업에 관한 법률」 제4조 제⑩항에 따른 기초자산[금융투자상품, 통화(외국통화 포함), 일반상품(농/축/임/수산물, 광산물, 에너지에 속하는 물품 및 이 물품을 원료로 하여 제조하거나 가공한 물품, 기타 이와 유사한 것을 말함), 신용위험(당사자 또는 제3자의 신용등급의 변동, 파산 또는 채무재조정 등으로 인한 신용의 변동을 말함),

기타 경제적, 자연적, 환경적 현상 등에 속하는 위험으로서 합리적이고 적정한 방법에 의하여 가격, 이자율, 지표, 단위의 산출이나 평가가 가능한 것] 의 가격, 이자, 지표, 단위 또는 이를 기초로 하는 지수 등의 변동과 연계하여 미리 정해진 방법에 따라 이익을 얻거나 손실을 회피하기 위한 계약상의 권리를 나타내는 것으로서 증권시장에 상장되어 거래되는 증권 또는 증서를 계좌간 이체, 계좌의 명의변경, 상장지수증권의 실물양도의 방법으로 거래하여 발생한 이익. 다만, 증권시장에서 거래되는 주식의 가격만을 기반으로 하는 지수의 변화를 그대로 추적하는 것을 목적으로 하는 상장주식증권을 계좌 간 이체 계좌의 명의변경 및 상장주식증권의 실물양도의 방법으로 거래하여 발생한 이익은 제외한다.

③ 상법 제469조 제②항 제3호에 따른 사채로부터 발생한 이익

아. 외국법인으로부터 받는 이익이나 잉여금의 배당 또는 분배금

개인 등이 외국에서 설립된 법인 등으로부터 받는 이익, 배당금, 분배금 등은 배당소득으로 과세한다.

자. 「국제조세조정에 관한 법률」 제27조 규정에 따른 조세피난방지세제에 따라 특정외국법인의 배당가능한 유보소득 중 내국인이 배당받은 것으로 간주된 금액 → '간주배당' 이라고 한다.

  -. 간주배당 요건
  다음의 요건을 모두 충족하는 외국법인(=특정외국법인)에 대하여 내국인이 출자한 경우에 대해 내국인이 출자한 경우에는 특정외국법인의 각 사업연도 말 현재 배당가능한 유보소득 중 내국인에게 귀속될 금액은 내국인이 배당받은 것으로 본다.(국제조세조정에 관한 법률 제27조 제①항)

① 본점, 주사무소 또는 실질적 관리 장소를 둔 국가 또는 지역에서의 실제부담세액이 다음 산식에 따라 산출된 금액 이하일 것

외국법인의 실제 발생소득 × 법인세법 제55조에 따른 세율 중 최고세율의 70%

② 특정외국법인에 출자한 내국인과 특수관계(제2조 제①항 제3호 가목의 관계에 해당하는 지를 판단할 때에는 내국인의 친족 등 대통령으로 정하는 자가 직접 또는 간접으로 보유하는 주식을 포함)에 있을 것

차. 출자공동사업자의 배당소득

「소득세법」 제43조에 따른 공동사업에서 발생하는 소득금액 중 출자공동사업자(경영에 참여하지 않고 출자만 하는 자를 말함)의 손익분배비율에 해당하는 금액은 배당소득으로 본다.

사업소득이 발생하는 사업의 경영에 참여하지 않고 출자만 한 출자공동사업자가 있는 공동사업의 경우 공동사업에서 발생한 소득금액은 해당 공동사업을 경영하는 각 거주자간에 약정된 손익분배비율(공동사업자 상호간에 약정된 손익분배비율이 없는 경우 지분 비율을 말함)에 의하여 분배되었거나 분배될 소득금액에 따라 각 공동사업자별로 분배한다.

타. 위 '가~아' 까지의 규정에 따른 소득과 유사한 소득으로서 수익분배 성격이 있는 것(=유사배당소득)

주식대차거래로서 거주자가 일정기간 경과 후에 같은 종류로서 같은 양의 주식을 반환받는 조건으로 주식을 대여하고 해당 주식의 차입자로부터 지급받는 해당 주식에서 발생하는 배당에 상당하는 금액은 배당소득으로 본다.(소령 제26조의3 제④항)

거주자가 환매기간에 따른 사전약정이율을 적용하여 환매수하는 조건으로 증권(채권 등은 제외함)을 매도하고 환매수하는 날까지 해당 증권의 매수인으로부터 지급받는 해당 증권에서 발생하는 배당에 상당하는 금액은 소득세법 제17조 제①항 제9호에 따른 배당소득에 포함된다.(소령 제26조의3, 2025.02.28. 신설)

카. 위 '가~차' 까지의 규정 중 어느 하나에 해당하는 소득을 발생시키는 거래, 행위와 파생상품이 결합된 경우 해당 파생상품의 거래, 행위로부터의 이익 (=배당부상품 결합 파생상품의 이익, 소령 제26의3 제⑤항)

다음 중 ①, ② 중 어느 하나에 해당하는 경우 배당소득으로 본다.

① 다음의 요건을 모두 갖춘 경우로서 실질상 하나의 상품과 같이 운용되는 경우
  ㄱ. 금융회사 등이 직접 개발, 판매한 배당소득이 발생하는 상품(=배당부상품)의 거래 또는 행위와 해당 금융회사 등의 파생상품의 계약이 해당 금융회사 등을 통하여 이루어질 것
  ㄴ. 파생상품이 배당부상품의 원금 및 이자소득의 전부 또는 일부(=배당소득 등)나 배당소득 등의 가격, 이자율, 지표, 단위 또는 이를 기초로 하는 지수 등에 의하여 산출된 금전이나 그 밖의 재산적 가치가 있는 것을 거래하는 계약일 것
  ㄷ. 배당부상품의 거래와 파생상품의 계약이 이루어진 해당 금융회사가 배당부상품의 배당소득 등과 파생상품으로부터 이익을 지급할 것
② 다음의 요건을 모두 갖추어 장래의 특정시점에 금융회사 등이 지급하는 파생상품(「자본시장과 금융투자업에 관한 법률」제166조의2 제①항 제2호에 해당하는 경우에 한정함)으로부터의 이익이 확정되는 경우
  ㄱ. 금융회사 등이 취급한 배당부상품의 거래와 해당 금융회사 등의 파생상품의 계약이 해당 금융회사 등을 통하여 이루어질 것(배당부상품의 거래와 파생상품의 계약 2 이상의 금융회사 등을 통하여 별도로 이루어지더라도 파생상품의 계약을 이행하기 위하여 배당부상품을 질권으로 설정하거나 또는 「자본시장과 금융투자업에 관란 법률 시행령」제103조에 따른 금전신탁을 통하여 이루어지는 경우 포함)
  ㄴ. 파생상품이 배당부상품의 배당소득 등 또는 배당소득 등의 가격, 이자율, 지표, 단위 또는 이를 기초로 하는 지수 등에 따라 산출된 금전이나 그 밖의 재산적 가치가 있는 것을 거래하는 계약일 것
  ㄷ. 파생상품으로부터 확정된 이익이 배당부상품의 배당소득보다 클 것

2. 배당소득세 비과세 금융상품

소득세법상 배당소득의 요건을 충족해도 조세정책상 또는 과세기술상의 필요성에 의하여 소득세법 또는 조세특례제한법에서 배당소득 과세대상에서 제외하는

소득을 '비과세 배당소득'이라고 한다. 비과세 배당소득은 소득세법과 조세특례 제한법에서 열거하고 있는 데 그 내용을 살펴보면 다음과 같다.

가. 우리사주조합원이 지급받는 배당(조특법 제88의4 제⑨항)
나. 개인연금저축의 배당(조특법 제86조)
다. 비과세종합저축의 배당(조특법 제88의2)
라. 농업협동조합 근로자의 자사출자지분에 대한 배당(조특법 제88의4)
마. 농협, 수협, 산림조합, 신협, 새마을금고 등 출자금의 배당(조특법 제88의5)
바. 재외동포전용 투자신탁 등의 배당(조특법 제91조의12)
사. 녹색투자신탁 등에서 발생한 배당소득(조특법 제91의13, 2014.01.01. 삭제)
아. 재형저축에서 발생하는 배당소득. 2013.01.01.~2015.12.31.까지 가입분에 한함. (조특법 제91의14)
자. 개인종합자산관리계좌(ISA)에서 발생하는 금융소득(이자소득과 배당소득)의 합계액 중 200만원(일반형) 또는 400만원(서민형)까지의 금액(조특법 제91의18)
차. 청년도약계좌의 배당소득(조특법 제91조의22)

소득세법상 또는 조세특례제한법상 규정된 비과세 배당소득에 대해 보다 자세히 살펴보기로 한다.

가. 우리사주조합원이 지급받는 배당(조특법 제88의4 제⑨항)

우리사주조합원이 우리사주조합을 통하여 자사주를 취득한 후 증권금융회사에 예탁한 우리사주의 배당소득에 대해 다음의 비과세요건을 모두 충족 시 배당소득세를 과세하지 아니한다.

-. 비과세요건
① 증권금융회사가 발급한 주권예탁증서에 의하여 우리사주조합원이 보유하고 있는 우리사주가 배당 지급 기준일 현재 증권금융회사에 예탁되어 있는 것으로 확인될 것
② 우리사주 조합원이 대통령령이 정하는 소액주주일 것
③ 우리사주조합원이 보유하고 있는 우리사주의 액면가액의 개인별 합계

액이 1,800만원 이하일 것

* 우리사주 예탁일로부터 1년 이내에 우리사주를 인출하는 경우 그 인출일 이전에 지급된 배당소득에 대해 인출일에 배당소득이 지급된 것으로 보아 소득세를 과세한다.

-. 비과세 적용 관련 제출서류

우리사주조합원이 증권금융회사에 예탁한 우리사주의 배당소득에 대한 비과세를 적용받고자 하는 경우 증권금융회사가 발급한 주권예탁증명서를 원천징수의무자에게 제출해야 한다.

우리사주조합원의 우리사주에 대한 배당소득을 비과세 적용 또는 원천징수세액을 환급하는 경우 원천징수의무자는 기획재정부령(=시행규칙)이 정하는 「우리사주배당 비과세 및 원징수세액 환급명세서」를 배당소득을 비과세한 날 또는 환급한 날이 속하는 달의 매분기 종료일의 다음 달 말일까지 원천징수의무자의 관할세무서장에게 제출해야 한다.

나. 농업협동조합 근로자의 자사출자지분에 대한 배당(조특법 제88의4 제⑩항)

-. 비과세요건

① 「농업협동조합법」 제21조의2, 제107조 제②항, 제112조 제②항, 제112조의10 제②항 및 제147조와 「수산업협동조합법」 제22조의2, 제108조, 제113조 및 제147조에 따라 출자지분을 취득한 근로자가 보유하고 있는 자사 지분의 배당소득일 것

② 근로자가 소액주주일 것

③ 근로자가 보유하고 있는 자사지분의 액면가액의 개인별 합계액이 1,800만원 이하일 것

* 취득일로부터 1년 이상 보유하지 아니하게 된 자사지분의 경우에는 그 사유가 발생하기 이전에 받은 배당소득에 대해 그 사유가 발생한 날에 배당소득이 지급된 것으로 보아 소득세를 과세한다.

-. 비과세 적용 관련 제출서류

근로자의 배당소득에 대한 배당소득을 비과세하거나 또는 원천징수세액을

환급하는 경우 원천징수의무자는 기획재정부령(=시행규칙)이 정하는 「우리사주배당 비과세 및 원징수세액 환급명세서」를 배당소득을 비과세한 날 또는 환급한 날이 속하는 달의 매분기 종료일의 다음 달 말일까지 원천징수의무자의 관할세무서장에게 제출해야 한다.

다. 비과세종합저축의 배당(조특법 제88의2)

거주자가 2015.12.31.까지 가입분에 한함. 다른 조건은 이자소득으로 보는 재형저축과 동일하다.

라. 농협, 수협, 산림조합, 신협, 새마을금고 등 출자금의 배당(조특법 제88의5)

농어민 또는 상호유대를 가진 거주자를 조합원, 회원 등으로 하는 농협, 수협, 산림조합, 신협, 새마을금고 등 금융회사에 대해 1인당 2,000만원 이하 출자금의 배당소득과 그 조합원, 회원 등이 그 금융기관으로부터 받는 사업 이용실적에 따른 배당소득으로서 2025.12.31.까지 지급받는 것에 대해 소득세를 비과세한다. 이후에 지급받는 배당소득에 대해 기간별로 다음의 원천징수세율을 적용하여 분리과세한다.

① 2025.12.31.까지 받는 배당소득 등: 배당소득 비과세
② 2026.01.01.~2026.12.31.까지 받는 배당소득 등: 5%
③ 2027.01.01. 이후 받는 배당소득 등: 9%

마. 재외동포전용 투자신탁 등의 배당(조특법 제91조의12)

국내사업장이 없는 재외동포가 다음의 요건을 모두 갖춘 재외동포전용 투자신탁 및 투자회사 등에 2010.12.31.까지 가입하여 2012.12.31. 이전에 받는 배당소득 중 해당 재외동포전용 투자신등 등별로 투자금액 1억원까지 발생하는 배당소득은 소득세가 비과세 적용을 받을 수 있다.

-. 비과세요건
  ① 소득세법 제120조 규정에 따른 국내사업장이 없는 비거주자로서 다음의 어느 하나에 해당하는 해외동포일 것
    ㄱ. 「재외동포의 출입국과 법적 지위에 관한 법률」 제2조 제1호에 따른

　　　　재외국민. 이 경우「재외동포의 출입국과 법적 지위에 관한 법률 시행
　　　　령」제2조 제②항에 따른「해외이주법」제2조 규정에 따른 해외이주
　　　　자로서 거주국으로부터 영주권을 취득하지 아니한 자의 경우 2년 이상
　　　　외국에 거주한 자에 한정한다.
　　ㄴ.「재외동포의 출입국과 법적 지위에 관한 법률」제2조 제2호에 따른
　　　　외국국적동포
② 해당 재외동포전용 투자신탁 등의 가입자 전원이 위 ①의 ㄱ 또는 ㄴ에
　해당할 것
③「자본시장과 금융투자업에 관한 법률」제9조 제⑱항 제1호 또는 제2호에
　따른 집합투자기구일 것
④ 국내자산에만 투자할 것. 이 경우 재외동포전용 투자신탁 등이 투자하는
　다른 집합투자기구도 국내자산에만 투자할 것

-. 감면세액의 추징

　재외동포전용 투자신탁 등의 가입자가 계약체결일로부터 1년 내에 재외동
　포전용 투자신탁 등을 환매하거나 그 권리를 이전하는 경우 다음 중 어느
　하나에 상당하는 세액을 추징해야 한다.

　① 계약체결일로부터 환매일 또는 증권 양도일까지의 기간 중 결산일이 도
　　 래하지 아니한 경우: 배당소득 x 20%
　② 계약체결일 이후부터 환매일 또는 증권 양도일까지의 기준 중에 결산일이
　　 속해 있는 경우 같은 결산일에 배분받은 이익에 대하여 위 ①에 따라 과
　　 세되지 아니하거나 또는 5% 세율로 원천징수된 세액이 있는 경우: 배당
　　 소득 × 20% - 이미 원천징수된 세액

-. 감면세액 추징 제외사유

　① 가입자인 재외동포의 사망 시
　② 재외동포전용 투자신탁 등의 취급기관의 영업정지, 영업인가·허가의 취소,
　　 해산결의 또는 파산선고
　③「자본시장과 금융투자업에 관한 법률 시행령」제223조 제3호 규정에 따라
　　 집합투자업자가 재외동포전용 투자신탁 등을 해지한 경우

-. 비과세 적용시의 제출 서류
① 부득이한 사유로 재외동포전용 투자신탁 등을 환매 또는 증권을 양도하려는 재외동포는 특별해지사유신고서를 금융회사 등에 제출해야 한다.
② 재외동포전용 투자신탁 등에 가입하려는 재외동포는 다음의 서류를 해당 금융회사에 제출해야 한다.
ㄱ. 상기의 비과세요건 ①의 'ㄱ'에 해당하는 경우: 재외국민등록부 등본 또는 거주여권 사본
ㄴ. 상기의 비과세요건 ①의 'ㄴ'에 해당하는 경우
- 대한민국 국적을 보유하였던 자로서 외국 국적을 취득한 자: 가족관계증명서 또는 제적등본, 외국 국적 취득 원인 및 그 연월일을 증명하는 서류 또는 거주지국 여권 사본
- 부모 또는 조부모의 일방이 대한민국 국적을 보유하였던 자로서 외국 국적을 취득한 자: 가족관계증명서 또는 거주지국 여권 사본, 출생증명서 등 직계존비속의 관계증명 서류
③ 재외동포전용 투자신탁 등에 가입하여 「조세특례제한법」 제91조의12 제①항의 특례를 적용받고자 하는 자는 국세청장이 정하는 바에 따른 비거주자임을 증명하는 서류를 제출해야 한다. → 2009.05.21. 이후 최초로 지급받는 분부터 적용한다.

바. 녹색투자신탁 등에서 발생한 배당소득(조특법 제91의13, 2014.01.01. 삭제)

거주자가 다음 각 호의 요건을 모두 갖춘 투자신탁 또는 투자회사에 2014.12.31.까지 가입한 경우 해당 녹색투자신탁 또는 녹색투자회사 등에서 발생한 배당소득에 대해 소득세를 비과세한다. 다만 계약기간 만료일 이후에 발생하는 소득에 대해서는 소득세가 과세된다.

-. 비과세요건
① 투자비율: 자산 총액의 40% 이상을 대통령령으로 정하는 녹색산업 관련 자산에 투자(대출을 포함)할 것.
② 가입기간: 계약기간이 3년 이상 5년 이하이고, 계약기간 만료일 이전에 원금 또는 수익금의 인출 또는 제3자에게 양도 등이 없을 것

③ 가입한도: 1인당 3,000만원으로 해당 거주자가 가입한 모든 녹색예금의 합계액을 말함

-. 감면세액 추징

녹색투자신탁에 가입한 거주자가 계약기간 만료일 이전에 원금 또는 수익금의 일부 또는 전부를 인출 또는 제3자에게 양도한 경우 녹색투자신탁을 취급하는 금융회사 등은 비과세된 배당소득에 대하여 감면세액을 추징하여 인출일 또는 양도일이 속하는 달의 다음달 10일까지 원천징수 관할세무서장에게 납부해야 한다.

다만, 가입자의 사망, 해외이주 등 부득이한 사유에 해당하는 경우에는 감면받은 배당소득에 대해 추징하지 않는다.

사. 재형저축에서 발생하는 배당소득. 2015.12.31.까지 가입분에 한함. 다른 조건은 이자소득으로 보는 재형저축과 동일.(조특법 제91의14)

아. 개인종합자산관리계좌(ISA)에서 발생하는 금융소득(이자소득과 배당소득)의 합계액 중 200만원(일반형) 또는 400만원(서민형)까지의 금액. 다른 조건은 이자소득으로 보는 개인종합자산관리계좌(ISA)과 동일(조특법 제91의18)

자. 청년도약계좌의 배당소득. 2025.12.31.까지 가입한 경우에 한하며, 다른 조건은 이자소득으로 보는 청년도약계좌와 동일(조특법 제91조의22)

3. 배당소득세가 면제 또는 감면되는 소득

영농조합법인, 영어조합법인 등으로부터 받는 특정한 배당소득, 농업회사법인 출자금에 대해서 받는 배당소득은 배당소득세가 면제되며, 「외국인투자촉진법」 제2조 제①항 제5호에 따른 외국인투자가 취득한 주식 또는 출자지분에서 생기는 배당금, 분배금에 대해서는 법인세 또는 소득세를 감면받을 수 있다.

특정한 법인으로부터 받는 배당소득이 면제되거나 또는 감면되는 소득은 다음과 같다.

가. 영농조합법인의 배당(조특법 제66조)

나. 영어조합법인의 배당(조특법 제67조)
다. 농업회사법인 출자금의 배당(조특법 제68조)
라. 외국인투자에 대한 법인세, 소득세 등의 감면(조특법 제121의2)

상기의 배당소득세 비과세 또는 세액감면에 대한 내용을 보다 자세히 살펴보기로 한다.

가. 영농조합법인의 배당(조특법 제66조)

영농조합법인의 조합원이 영농조합법인으로부터 2026.12.31.까지 지급받는 배당소득 중 식량작물재배업* 소득에서 발생한 배당소득 전액과 식량작물 재배업소득 외의 소득에서 발생한 배당소득 중 법인세가 면제되는 소득에서 발생한 배당소득의 경우 그 배당소득 전액을, 영농조합법인의 전체 소득에서 식량작물재배업에서 발생하는 소득에서 식량작물재배업에서 발생하는 소득과 법인세가 면제되는 소득을 제외한 소득에서 발생한 배당소득의 경우에는 그 배당소득 중 과세연도별로 1,200만원 이하의 금액에 대해서는 소득세를 면제한다.

* 식량작물재배업이란? 곡물작물, 식량용 뿌리작물, 콩과 작물 및 기타 식량작물을 재배하는 산업활동을 말하며, 벼, 보리, 밀, 수수 재배, 감자, 고구마 재배, 메밀 재배, 옥수수, 콩, 녹두 재배 등을 말한다.

-. 소득세가 면제되는 금액을 제외한 배당소득 중 2026.12.31.까지 받는 소득: 5% 원천징수 세율을 적용하며, 완납적 분리과세로써 종합소득 과세표준에 합산하지 아니한다. 또한, 개인지방소득세도 부과하지 아니한다.

-. 식량작물재배업 소득과 식량작물재배업 외 에서 발생한 배당소득 계산 산식
식량작물재배업소득에서 발생한 배당소득과 식량작물재배업소득 외의 소득에서 발생한 배당소득 산출은 각 배당시마다 다음의 산식에 따라 산출한 금액으로 하고, 이 경우 각 소득금액은 배당확정일이 속하는 사업연도의 직전 사업연도에 해당하는 분으로 하며, 각 소득금액이 음수(-)인 경우 영(0)으로 한다.

① 식량작물재배업에서 발생한 배당소득

$$\text{식량작물재배업에서 발생한 배당소득} = \text{영농조합으로부터 지급받는 배당소득} \times \frac{\text{식량작물재배업에서 발생하는 소득금액}}{\text{총 소득금액}}$$

② 법인세가 면제되는 소득에서 발생하는 배당소득

$$\text{법인세가 면제되는 소득에서 발생한 배당소득} = \text{영농조합으로부터 지급받는 배당소득} \times \frac{\text{법인세가 면제되는 소득금액}}{\text{총 소득금액}}$$

③ 총소득금액에서 식량작물재배업 소득과 법인세가 면제되는 소득을 제외한 소득에서 발생한 배당소득은 배당소득 총액 중 식량작물재배업소득에서 발생한 배당소득과 법인세가 면제되는 소득에서 발생한 배당소득을 차감한 금액으로 한다.

나. 영어조합법인의 배당(조특법 제67조)

영농조합법인의 조합원이 영어조합법인으로부터 2026.12.31.까지 지급받는 배당소득 중 과세연도별로 1,200만원 이하의 금액은 소득세를 면제한다.

-. 소득세가 면제되는 금액을 제외한 배당소득 중 2026.12.31.까지 받는 소득: 5% 원천징수 세율을 적용하며, 완납적 분리과세로써 종합소득 과세표준에 합산하지 아니한다.

다. 농업회사법인 출자금의 배당(조특법 제68조)

거주자가 농업회사법인에 출자하여 2026.12.31.까지 받는 배당소득 중 식량작물재배업에서 발생한 배당소득 전액에 대해서는 소득세를 면제한다.

식량작물재배업소득 외의 소득 중 다음의 부대사업 등 소득 및 식량작물재배업 외의 작물재배업에서 발생하는 소득에서 발생한 배당소득은 14% 분리과세 세율로 원천징수하며, 완납적 원천징수로써 종합소득세 과세표준에 합산하지 아니한다.

① 「농업, 농촌 및 식품산업 기본법 시행령」 제2조에 따른 축산업, 임업에서 발생한 소득

ㄱ. (농작물재배업: 식량작물 재배업, 채소작물 재배업, 과실작물 재배업, 화훼작물 재배업, 특용작물 재배업, 약용작물 재배업, 사료작물 재배업, 풋거름작물 재배업, 버섯 재배업, 양잠업 및 종자·묘목 재배업(임업용 종자·묘목 재배업은 제외한다)

ㄴ. 축산업: 동물(수생동물은 제외한다)의 사육업·증식업·부화업 및 종축업(種畜業)

ㄷ. 임업: 영림업(임업용 종자·묘목 재배업 및 「산림문화·휴양에 관한 법률」과 「수목원·정원의 조성 및 진흥에 관한 법률」에 따른 자연휴양림, 수목원 및 정원의 조성 또는 관리·운영업을 포함한다) 및 임산물 생산·채취업

② 「농어업경영체 육성 및 지원에 관한 법률 시행령」 제20조의5 제①항 제6호 가목~마목까지의 사업에 따른 농업회사법인의 부대사업에서 발생한 소득

  가. 영농에 필요한 자재의 생산 및 공급사업

  나. 영농에 필요한 종자생산 및 종균배양사업

  다. 농산물의 구매 및 비축사업

  라. 농업기계나 그 밖의 장비의 임대·수리 및 보관사업

  마. 소규모 관개시설(灌漑施設)의 수탁 및 관리사업

③ 「농어업경영체 육성 및 지원에 관한 법률」 제19조 제①항에 따른 농산물 유통, 가공, 판매 및 농작업 대행에서 발생하는 소득. 다만, 수입 농산물의 유통 및 판매에서 발생하는 소득은 제외한다.

 -. 식량작물재배업 소득과 부대사업 등 소득 및 식량작물재배법 외의 작물재배업에서 발생한 배당소득 계산 산식

   식량작물재배업소득에서 발생한 배당소득과 식량작물재배업소득 외의 소득에서 발생한 배당소득 산출은 각 배당시마다 다음 구분 산식에 따라 계산한 금액으로 하고, 각 소득금액은 배당확정일이 속하는 사업연도의 직전 사업연도에 해당하는 분으로 하며, 각 소득금액이 음수(-)인 경우 영(0)으로 한다.

① 식량작물재배업에서 발생한 배당소득

$$\text{식량작물재배업에서 발생한 배당소득} = \text{농업회사법인으로부터 지급받는 배당소득} \times \frac{\text{식량작물재배업에서 발생하는 소득금액}}{\text{총 소득금액}}$$

② 부대사업 등 소득 및 식량작물재배업 외의 작물재배업에서 발생하는 소득에서 발생한 배당소득

$$\text{부대사업 등 소득 및 식량작물재배업 외의 작물재배업에서 발생하는 소득에서 발생한 배당소득} = \text{농업회사법인으로부터 지급받는 배당소득} \times \frac{\text{(부대사업 등 소득금액 + 식량작물재배업 외의 작물재배업에서 발생하는 소득금액)}}{\text{총 소득금액}}$$

-. 세액면제 신청

농업회사법인으로부터 배당을 받고 소득세를 면제받으려는 거주자는 해당 배당소득을 지급받는 때에 '세액면제신청서'를 농업회사법인에 제출해야 하며, 농업회사법인은 배당금을 지급한 날이 속하는 달의 다음 달 말일까지 조합원이 제출한 '세액면제신청서'를 원천징수 관할세무서장에게 제출해야 한다.

라. 외국인투자에 대한 법인세, 소득세 등의 감면(조특법 제121의2, 2014.01.01. 삭제)

「외국인투자촉진법」 제2조 제①항 제5호에 따른 외국투자가가 취득한 주식, 출자지분에서 생기는 배당금, 분배금에 대한 법인세 또는 소득세는 대통령이 정하는 바에 따라 해당 외국인투자기업의 각 과세연도의 소득에 대해 그 기업이 조특법 제121조의2 제①항에 따라 법인세 또는 소득세 감면대상이 되는 사업을 함으로써 발생한 소득의 비율에 따라 감면을 적용하며, 조특법 제121조의3 제② 항에 따라 법인세 또는 소득세 감면대상세액의 전액이 감면되는 동안은 세액 전액을, 법인세 또는 소득세 감면대상세액의 50%에 상당하는 세액이 감면되는 동

안은 50%에 상당하는 세액을 감면한다.

조특법 부칙 제64조(외국투자가의 배당소득 감면에 관한 경과조치), 2024. 01.01. 법률 제12173호

-. 2014.01.01. 전에 조세감면을 신청하였던 분에 대해서는 제121조의2 제③항, 제⑥항, 제⑦항, 제⑩항, 제⑫항 및 제121조의5 제①항의 개정규정에도 불구하고 종전의 규정에 따른다.

4. 배당소득 분리과세 금융상품 및 원천징수세율

소득세법 또는 조세특례제한법에 규정하고 있는 다음에 해당하는 배당소득에 대해서는 배당소득을 지급하는 자가 분리과세 세율로 원천징수를 해야 하며, 완납적 원천징수로써 금융소득 종합과세 대상에서도 제외한다.

가. 수익을 구성원에게 배분하지 않는 단체가 지급받는 배당(소법 제14조)
나. 금융소득이 2,000만원 이하인 금융소득(소법 제14조)
다. 비실명 금융소득(소법 제129조)
라. 특정사회기반시설(뉴딜인프라) 집합투자기구 투자자의 배당소득(조특법 제26의2)
마. 투융자집합투자기구 투자자 배당소득(조특법 제27조)
바. 영농조합법인의 배당(조특법 제66조 제③항)
사. 영어조합법인의 배당(조특법 제67조 제③항)
아. 부동산집합투자기구 등 집합투자증권의 배당소득에 대한 과세특례(조특법 제87의6) : 5% 또는 14% 세율로 원천징수
자. 공모부동산집합투자기구의 집합투자증권의 배당소득에 대한 과세특례(조특법 제87의7)
차. 세금우대종합저축의 이자 및 배당소득(조특법 제89조)
카. 고위험고수익투자신탁의 배당(조특법 제91조의15)
타. 재외동포전용투자신탁 등의 배당(조특법 제91의2)
파. 개인종합자산관리계좌(ISA)에서 발생하는 금융소득의 합계액 중 200만원(일반형) 또는 400만원(서민형)을 초과하는 금액(조특법 제91의18)
하. 기업발전특구집합투자기구 투자자의 이자 및 배당소득(조특법 제121조의35)

상기에서 열거된 분리과세되는 배당소득에 대하여 보다 자세히 설명하기로 한다.

가. 수익을 구성원에게 배분하지 않는 단체가 지급받는 배당(소법 제14조)

법인으로 보는 단체 외의 단체 중 수익을 구성원에게 배분하지 아니하는 단체로서 단체명을 표시하여 금융거래를 하는 단체가 금융회사 등으로부터 받은 배당소득은 분리과세한다.

나. 금융소득이 2,000만원 이하인 금융소득(소법 제14조 제③항 제6호)

거주자의 당해 과세기간의 이자소득 및 배당소득 중에서 비과세 및 분리과세 금융소득을 제외한 금융소득의 연간 합계액이 2,000만원 이하에 해당하는 경우 원천징수로서 소득세 납세의무가 종결되며, 다른 소득과 합산하여 소득세 확정신고 및 납부의무도 없다.

다. 비실명 금융소득(소법 제129조)

소득세법 또는 「금융실명거래 및 비밀보장에 관한 법률」 제5조 규정에 의해 실명전환기한(1993.10.12.)이 경과할 때까지 실명이 확인되지 아니한 배당소득은 90% 세율로 원천징수하고, 분리과세로서 금융소득 종합과세 대상에서도 제외한다.

또한, 금융회사가 아닌 일반 회사 등이 배당금을 지급하는 경우 지급일(또는 지급시기 의제일)까지 실명이 확인되지 않는 경우 45% 세율로 원천징수하고, 분리과세로서 금융소득 종합과세 대상에서도 제외한다.

라. 특정사회기반시설(뉴딜인프라) 집합투자기구 투자자의 배당소득(조특법 제26의2): 9%세율로 원천징수

-. 9% 분리과세 대상 집합투자기구
거주자가 2022.12.31.까지 전용계좌에 가입하고 일정요건을 모두 갖춘 다음의 집합투자기구(특정사회기반시설 집합투자기구)에 투자하여 발생하는 배당소득(가입일로부터 3년 내에 지급받은 경우에 한함)에 대해 9%의 세율로 원천징수하고 분리과세한다.

* 계좌 보유자의 사망, 해외이주, 계약기간 만료일 전 6개월 내에 천재지변, 저축자 퇴직 등 부득이한 사유로 해지하는 경우에도 특례 적용한다.

① 「부동산산투자회사법」 제2조 제1호에 따른 부동산투자회사
② 「사회기반시설에 대한 민간투자법」 제41조 제②항에 따른 투융자집합투자기구
③ 「자본시장과 금융투자업에 관한 법률」 제229조 제2호에 따른 부동산집합투자기구
④ 「자본시장과 금융투자업에 관한 법률」 제229조 제3호에 따른 특별자산집합투자기구

-. 투자대상

특정사회기반시설 관련 자산 중 특정사회기반시설 관련 산업과 관련된 것으로 기획재정부령으로 정하는 방에 따라 인정된 사회기반시설 및 부동산* 으로서 집합투자재산의 50% 이상 투자할 것을 요건으로 하고, 「자본시장과 금융투자업에 관한 법률」 제9조 제⑲에 따른 사모집합투자기구에 해당하지 않아야 한다.

* 기획재정부장관이 특서사회기반시설에 대한 심의위원회 심의를 거쳐 인정

마. 투융자집합투자기구 투자자 배당소득(조특법 제27조): 14% 세율로 원천징수, 2021.01.01. 이후 배당소득을 지급받는 분부터 적용

-. 14% 분리과세 대상 투융자집합투자기구

거주자가 다음 요건을 모두 충족한 「사회기반시설에 대한 민간투자법」 제41조 제②항에 규정의 투융자집합투자기구(「자본시장과 금융투자업에 관한 법률」 제9조 제⑲항에 따른 사모집합투자기구는 제외)로부터 받는 배당소득에 대해 14% 세율로 원천징수하고 분리과세한다.

* 계좌 보유자의 사망, 해외이주, 계약기간 만료일 전 6개월 내에 천재지변, 저축자 퇴직 등 부득이한 사유로 해지하는 경우에도 특례 적용한다.

① 1인당 납입한도 1억원 이하의 1개의 투융자집합투자기구 전용계좌만 가입할 것

② 전용계좌를 통하여 투융자집합투자기구의 「자본시장과 금융투자업에 관한 법률」 제9조 제21항에 따른 집합투자증권에만 투자하여 배당소득을 지급받을 것
③ 투융자집합투자기구 전용계좌 명칭으로 계약기간 1년 이상일 것
④ 전용계좌 가입 전 보유중인 투융자집합투자기구의 집합투자증권을 이체하는 것이 제한될 것

바. 영농조합법인의 배당(조특법 제66조 제③항)

영농조합법인의 조합원이 영농조합법인으로부터 지급받는 배당소득 중 농업소득 이외에서 발생한 배당소득으로서 2026.12.31.까지 지급받는 1,200만원을 초과하는 배당소득은 5% 세율로 원천징수하고 분리과세하며, 금융소득 종합과세 대상에서도 제외한다.

사. 영어조합법인의 배당(조특법 제67조 제③항)

영어조합법인의 조합원이 영어조합법인으로부터 지급받는 배당소득으로서 2026.12.31.까지 과세연도별로 지급받는 1,200만원을 초과하는 배당소득은 5% 세율로 원천징수하고 분리과세하며, 금융소득 종합과세 대상에서도 제외한다.

아. 부동산집합투자기구 등 집합투자증권의 배당소득에 대한 과세특례(조특법 제87의6) : 5% 또는 14% 세율로 원천징수

거주자가 임대주택(기준시가의 합계액이 취득 당시 6억원 이하이고 주택의 연면적(공동주택의 경우 전용면적 149㎡ 이하)에 자산총액 중 50% 이상을 투자하는 「자본시장과 금융투자업에 관한 법률」에 따른 부동산집합투자기구(같은법에 따른 사모집합투자기구를 포함) 또는 「부동산투자회사법」에 따른 부동산투자회사(=부동산집합투자기구 등)로부터 2018.12.31. 이전에 받는 부동산집합투자기구 등별 액면가액 2억원 이하 보유주식 또는 수익증권(=집합투자증권)의 배당소득은 종합소득 과세표준에 합산하지 아니한다.

부동산집합투자기구 등 집합투자증권의 배당소득은 집합투자기구의 액면가액에 따라 다음과 같이 원천징수한다.

-. 부동산 집합투자증권 등부동산집합투자기구 등별 액면가액 합계액이 5,000만원 이하인 집합투자증권의 배당소득: 5%의 세율로 원천징수하고 분리과세하며, 금융소득 종합과세 적용하지 아니한다.

-. 부동산 집합투자증권등 부동산집합투자기구 등별 액면가액 합계액이 2억원을 초과하는 집합투자증권의 배당소득: 그 초과분의 배당소득은 분리과세하지 않으며, 2019.01.01. 이후 받는 배당소득부터 조건부 종합과세 적용하게 된다.

> * 2014.12.31.까지 지급받는 부동산집합투자기구 등별 액면가액 3억원 이하인 보유주식 또는 수익증권(=집합투자증권)의 배당소득은 5%의 세율을 적용하며 집합투자증권(액면가액의 합계액이 3억원을 초과하는 경우 그 초과하는 집합투자증권을 포함한다)의 배당소득은 분리과세한다.

자. 공모부동산집합투자기구의 집합투자증권의 배당소득에 대한 과세특례(조특법 제87의7) : 9% 세율로 원천징수

거주자가 다음 각 호에 해당하는 신탁, 회사, 또는 조합(공모부동산집합투자기구)의 지분증권 또는 수익증권(공모부동산집합투자기의 집합투자증권)에 2026. 12.31.까지 투자하는 경우 해당 거주자가 보유하고 있는 공모부동산집합투자기구의 집합투자증권 중 거주자별 투자금액의 합계액이 5,000만원을 초과하지 않는 범위 내에서 지급받는 배당소득(투자일로부터 3년 내에 발생하는 경우로 한정)에 대해 종합소득 과세표준에 합산하지 아니하고「소득세법」제129조에도 불구하고 9%의 세율을 적용한다.

① 「자본시장과 금융투자업에 관한 법률」제229조 제2호에 따른 부동산집합투자기구(같은 법 제9조 제⑲에 따른 사모집합투자기구를 제외)
② 「부동산투자회사법」제49조의3 제①항에 따른 공모부동산투자회사
③ 집합투자재산 투자액 전부를 상기의 ① 또는 ②에 투자(투자대기자금의 일시적인 운용 등을 위하여 대통령령으로 정하는 경우를 제외)하는「자본시장과 금융투자업에 관한 법률」제9조 제⑱항에 따른 집합투자기구(같은 법 제9조 제⑲에 따른 사모집합투자기구를 제외) 및「부동산투자회사법」제49의3 제①항에 따른 공모부동산투자회사

차. 세금우대종합저축의 배당소득(조특법 제89조): 9% 세율로 원천징수

2015.01.01. 부터는 비과세종합저축으로 통합(조특법 제88의2)
→ 이자소득편 '분리과세되는 이자소득' 참고

카. 고위험고수익투자신탁의 배당(조특법 제91조의15), 2014.01.01. 신설

2024.12.31.까지 고위험고수익투자신탁에 가입 시 1인당 투자금액이 3,000만원 이하인 경우: 14% 세율로 분리과세
→ 이자소득편 '분리과세되는 이자소득' 참고

타. 재외동포전용투자신탁 등의 배당(조특법 제91의2)

국내사업장이 없는 대통령령이 정하는 재외동포가 재외동포 전용신탁 등에 2010.12.31.까지 가입하여 2012.12.31. 이전에 받는 배당소득 중 해당 재외동포 전용 투자신탁 등별로 투자금액이 1억원을 초과하는 금액에서 발생하는 배당소득은 5% 세율로 분리과세된다. 2019.05.21. 이후 최초로 지급받는 분부터 적용된다.
→ 이자소득편 '분리과세되는 이자소득' 참고

파. 개인종합자산관리계좌(ISA)에서 발생하는 금융소득의 합계액 중 200만원(일반형) 또는 400만원(서민형)을 초과하는 금액(조특법 제91의18)
→ 이자소득편 '비과세되는 이자소득' 참고

하. 기업발전특구집합투자기구 투자자의 이자 및 배당소득(조특법 제121조의35): 9% 세율로 원천징수(2024.01.01. 이후 이자, 배당소득을 지급받는 분부터 적용)

-. 분리과세 요건

거주자가 2026.12.03.까지 조특법 제121조의35 제②항에 따른 전용계좌*에 가입하고 다음의 ① 및 ②의 요건을 모두 충족한 집합투자기구 등에 투자하여 발생하는 이자소득, 배당소득(전용계좌의 가입일로부터 10년 내에 지급받는 경우로 한정)은 9% 세율로 원천징수하고 분리과세한다.

* 전용계좌: 1인당 1개의 전용계좌만 가입해야 하고 납입한도가 3억원 이하이며, 기회발전특구집합투자기구의 지분증권 또는 수익증권에만 투자할 것

① 대통령령으로 정하는 종료의 집합투자기구 등
② 기회발전특구의 기반시설 및 입주기업 등에 대한 투자로서 대통령령으로 정하는 투자대상에 집합투자재산의 60% 이상으로서 대통령령으로 정하는 비율 이상을 투자할 것

5. 배당소득의 수입시기(소령 제46조) 및 원천징수(소법 제130조), 원천징수 세율

(1) 배당소득의 수입시기

배당소득을 받는 개인의 배당소득에 대한 수입시기가 어느 과세기간에 속하느냐에 따라 연간 금융소득 2,000만원 초과 여부에 따른 소득세 세부담이 달라질 수 있으며, 배당소득에 대한 수입시기가 결국 소득의 귀속연도를 결정하는 기준이 된다. 소득세법에서는 배당소득의 수입시기를 원칙적으로 실제로 배당을 받은 날로 정하고 있으나, 배당의 종류에 따라 예외를 두고 있다.

소득세법에서 규정하고 있는 배당소득에 대한 수입시기(=귀속시기)를 살펴보면 다음과 같다.(소령 제46조, 소령 50의2)

가. 무기명주식의 이익이나 배당: 그 지급을 받은 날.
나. 잉여금 처분에 의한 배당: 당해 법인의 잉여금처분 결의일.
다. 건설이자의 배당: 당해 법인의 건설이자배당 결의일.
라. 의제배당
- 감자, 퇴사, 탈퇴 등의 경우: 감자결의일, 퇴사 또는 탈퇴일.
- 해산의 경우: 잔여재산의 가액이 확정된 날.
- 합병의 경우: 그 합병등기를 한 날.
- 분할의 경우: 분할등기일(또는 분할합병등기일).
- 잉여금 자본전입의 경우: 자본전입을 결정한 날.

마. 법인세법에 따라 처분된 배당(=인정배당): 법인의 당해 사업연도 결산확정일.
바. 집합투자기구로부터의 이익

- 집합투자기구로부터 이익을 지급받은 날.
- 원본에 전입하는 뜻의 특약이 있는 분배금은 그 특약에 의하여 원본에 전입된 날.

사. 출자공동사업자의 배당소득

해당 공동사업자의 총수입금액과 필요경비가 확정된 날이 속하는 과세기간 종료일.

아. 유사배당(수익분배성격), 배당소득부 결합 파생상품: 그 지급을 받는 날.

자. 동업기업으로부터 배분받은 배당: 과세연도 종료일

차. 파생결합증권 또는 파생결합사채로부터의 이익: 이익을 지급받은 날. 다만, 원본전입 뜻의 특약이 있는 경우 특약에 따라 원본에 전입되는 날

현행 소득세법상으로는 배당소득을 지급하는 자는 배당소득을 지급하는 시점에서 배당소득세(지방소득세 별도 특별징수)를 원천징수해야 하며, 배당소득에 대한 원천징수 시기는 배당소득을 지급하는 때이다.

즉, 소득을 지급하는 자(=원천징수의무자)는 배당소득을 지급하는 때에 원천징수세율을 적용하여 계산한 배당소득세를 원천징수 하여야 하며, 원천징수세액을 관할세무서에 다음달 10일까지 납부해야 한다. 다만, 중소기업창업투자조합·신기술사업투자조합 또는 기업구조조정조합, 부품 소재전문 투자조합에 귀속되는 소득으로서 이자소득 및 국내 또는 국외에서 받는 투자신탁의 분배금은 당해 조합이 조합원에게 그 소득을 지급하는 때에 소득세를 원천징수한다.

배당소득을 실제로 지급하지는 아니하였으나, 지급한 것으로 보아 원천징수를 해야 하는 데, 이를 '지급시기 의제(또는 의제 지급시기)'라고 한다. 배당소득에 대한 의제지급시기와 수입시기가 다른 경우가 있으며, 그 내용을 살펴보면 다음과 같다.

ㄱ. 법인의 이익 또는 잉여금의 처분에 의한 배당
- 원천징수 의제지급시기: 그 처분을 결정한 날로부터 3월이 되는 날까지 지급하지 아니한 때에는 3월이 되는 날
- 수입시기(=귀속시기): 무기명주식의 이익 또는 배당은 그 지급을 받는 날.
- 잉여금의 처분에 의한 배당: 당해 법인의 잉여금처분 결의일.

ㄴ. 소득처분에 의한 배당
- 원천징수 의제지급시기: 법인이 소득금액 변동통지서를 받은 날 또는 법인세 과세표준 신고기일.
- 수입시기(=귀속시기): 당해 법인의 사업연도 결산 확정일.

ㄷ. 중소기업창업·신기술사업·한국벤처·기업구조조정·부품소재전문 투자자조합 등에 귀속되는 배당
- 원천징수 의제지급시기: 조합이 조합원에게 배당을 지급하는 때.
- 수입시기: 당해 배당이 투자조합에 귀속되는 때.

이와 같이 배당소득에 대한 원천징수시기와 수입시기가 다른 경우 종합소득에 합산되는 배당소득의 귀속시기가 다를 수 있으며, 수입시기에 따른 종합소득세 세부담이 달라질 수 있음으로 종합소득세 신고 시에 주의를 해야 한다.

┃[참고] 보유주식에서 발생한 배당소득에 대한 원천징수 요약┃

구분	국내주식	해외주식	
		국내 금융기관	해외 금융기관
개인	원천징수 대상	해당 해외국가에서 원천징수 후 국내 세율과 차액 징수	해당 해외 국가에서 원천징수. 국내에서는 원천징수 못함
법인	원천징수 하지 않음	해당 국가에서 납부한 세금에 대해 법인세 확정신고 시 외국납부세액공제 적용	

(2) 배당소득 원천징수의무자(소법 제127조)

국내에서 거주자 또는 비거주자에게 배당소득을 지급하는 자는 세법에서 정한 소득세를 원천징수해야 한다. 또한 지방세법상 배당소득에 대한 지방소득세를 특별징수도 해야 한다. 원천징수의무자를 대리하거나 또는 그 위임을 받은 자의 행위는 수권 또는 위임의 범위 안에서 본인 또는 위임인의 행위로 보고 원천징수 규정이 적용된다.

배당소득을 거주자 또는 비거주자에게 지급 시 그 지급일의 다음달 10일까지 원천징수의무자의 관할세무서장에게 원천징수한 세액을, 배당소득에 대한 지방소득세는 지급일의 다음달 10일까지 원천징수의무자 관할 지방자치단체장에게 납부해야 한다.

배당소득을 원천징수하는 경우에는 귀속법인세에 대한 Gross-up을 하기 전의 금액에 대하여 원천징수세율을 적용한다.

내국법인에게 배당소득을 지급하는 경우에는 배당소득 중 투자신탁의 이익에 대해서만 원천징수를 하는 것이며, 다른 배당소득에 대해서는 원천징수하지 아니한다.(법령 제73조 제①항 제(2)호.)

(3) 배당소득에 대한 원천징수시기

배당소득을 거주자 또는 비거주자에게 지급하는 경우 원천징수의무자는 배당소득을 실제로 지급하는 때 또는 배당소득을 지급하지 않았으나 지급한 것으로 보는 경우(=의제지급시기)에 배당소득세를 원천징수해야 한다. 또한 지방세법상 배당소득에 대한 지방소득세를 특별징수 해야 한다.

가. 배당소득을 지급하는 경우 원천징수시기
  -. 실제로 배당소득을 지급하는 때에 원천징수한다.
나. 배당소득을 지급하지 않는 경우
  -. 다음의 경우 배당소득을 실제로는 지급하지 않았으나 배당소득을 지급한 것으로 보아 배당소득세(지방소득세 별도)를 원천징수해야 한다.
① 법인이 이익 또는 잉여금의 처분에 의한 배당소득을 그 처분을 결정한 날로부터 3개월이 되는 날까지 지급하지 않은 경우
  ㄱ. 그 처분결정을 한날로부터 3개월이 되는 날에 그 배당소득을 지급한 것으로 보아 소득세를 원천징수해야 한다.
  ㄴ. 11.01.~12.31. 사이에 결정된 처분에 따라 다음 해 2월 말일까지 배당소득을 지급하지 않은 경우 그 처분결정을 한 날이 속하는 과세기간의 다음연도 2월 말일에 그 배당소득을 지급한 것으로 보아 소득세를 원천징수한다.

② 인정배당: 법인세법 제67조에 따라 처분되는 배당소득 지급시기 의제
　ㄱ. 세무서장 또는 지방국세청장이 법인의 각사업연도소득금액을 결정, 경정하는 경우: 법인(또는 법인의 대표이사 등)이 소득금액변동통지서를 받은 날
　「법인세법」 규정에 따라 법인 본점 관할세무서장 또는 지방국세청장이 법인의 각사업연도 소득금액을 결정 또는 경정함에 따라 처분되는 배당소득(=인정배당)은 그 결정일 또는 경정일로부터 15일 이내에 '소득금액 변동통지서'를 당해 법인에게 통지해야 한다. 다만, 법인의 소재지가 분명하지 아니하거나 또는 '소득금액 변동통지서'를 송달할 수 없는 경우 처분은 받은 거주자에게 통지해야 한다.
　ㄴ. 법인이 법인세 확정신고(또는 수정신고)를 하는 경우(법인세법 시행령 제106조에 따른 소득처분): 그 신고일 또는 수정신고일
③ 의제배당(소령 제191조): 소득세법 시행령 제46조 제4호 및 5호에 규정된 날
④ 출자공동사업자의 배당소득: 과세기간 종료일 후 3개월이 되는 날까지 지급하지 아니한 경우 과세기간 종료 후 3개월이 되는 날
⑤ 「조세특례제한법」 제100조의18 제①항에 따라 배분되는 소득: 해당 동업기업의 과세기간 종료일 3개월이 되는 날까지 지급하지 아니한 경우 그 해당 동업기업의 과세기간 종료 후 3개월이 되는 날
⑥ 그 밖의 배당소득: 「소득세법 시행령」 제46조(배당소득의 수입시기) 각 호에 규정된 날

> ¶ 참고: 배당소득 지급시기의 의제(소령 제191조 제1호 의제배당)
> ① 주식 소각, 자본 감소 또는 자본전입 결정한 날(이사회 결의에 의한 경우: 「상법」 제461조 제③항의 규정에 의해 정한 날)이나 퇴사, 퇴직한 날
> ② 법인 해산 시: 잔여재산가액이 확정된 날
> ③ 법인 합병 시: 그 합병등기를 한 날
> ④ 법인 분할, 분할합병 시: 분할등기한 날 또는 분할합병등기를 한 날

(4) 배당소득에 대한 원천징수세율

거주자에 대한 배당소득에 대한 원천징수세율은 일반적으로 14% 이며, 세법에서 특별히 정하고 있는 경우 별도의 원천징수세율을 적용한다. 배당소득에 대한 귀속자가 거주자 또는 비거주자에 따라 다르게 적용되며, 배당소득에 대한 원천징수세율은 다음 표와 같다.(소법 제127조).

┃ 배당소득에 대한 원천징수세율 ┃

소득자	구 분		원천징수세율
거주자	무조건 분리과세	비실명 배당소득 중 -. 소득지급자가 금융회사인 경우 -. 소득지급자가 금융회사가 아닌 경우 개인종합자산관리계좌(ISA)에서 발생하는 배당소득 중 비과세한도(200만원, 서민형은 400만원)를 초과한 소득	90% 45%[*1] 9%
		조세특례제한법에 따라 분리과세하는 배당소득	5%, 9%, 14%
	조건부 종합과세	일반적인 배당소득	14%
	무조건 종합과세	출자공동사업자의 배당소득	25%
비거주자	조세조약이 체결된 국가의 거주자인 경우		조세조약상 제한세율
	조세조약이 체결되지 않은 국가의 거주자인 경우		20%

*1. ( )는 금융회사가 아닌 일반회사가 지급하는 비실명이자에 대한 원천징수 세율임

소득세법상 비거주자의 국내사업장 또는 부동산임대소득과 관련한 이자소득 및 배당소득에 대해서는 소득세법상 과세표준과 세액의 계산, 신고 및 납부, 과세표준과 세액의 결정과 징수에 관한 규정을 준용하여 원천징수세율을 거주자와 동일하게 적용한다.

따라서 비거주자라고 하더라도 상기의 요건 충족 시에는 국내에서 발생한 이자소득과 배당소득의 연간 합계액이 2,000만원을 초과하는 경우 금융소득 종합과세 신고 납부의무가 있다.

┃ 과세기간별 배당소득에 대한 원천징수 세율표 ┃

구분	2001. 01.01.~	2002. 01.01.~	2005. 01.01.~	2013. 01.01.~	2018. 01.01.~	2019. 01.01.~	2020. 01.01.~	2023. 01.01.~
비실명 배당	90% (40%)[*1]	90% (36%)[*1]	90% (35%)[*1]	90% (38%)[*1]	90% (40%)[*1]	90% (42%)[*1]	90% (42%)[*1]	90% (45%)[*1]
일반배당	15%	15%	14%	14%	14%	14%	14%	14%
적용시기	2001.01.01. 이후 최초로 발생하여 지급하는 분부터 적용	2002.01.01. 이후 발생하는 분부터 적용	2005.01.01. 이후 발생하는 분부터 적용	2013.01.01. 이후 발생하는 분부터 적용	2018.01.01. 이후 발생하는 분부터 적용	2019.01.01. 이후 발생하는 분부터 적용	2020.01.01. 이후 발생하는 분부터 적용	2023.01.01. 이후 발생하는 분부터 적용

(5) 배당소득금액의 산출

배당소득금액은 당해 과세기간의 총수입금액으로 한다. 배당소득은 이자소득의 경우처럼 필요경비가 인정되지 않으며, 일반적으로 배당소득(=총수입금액)과 배당소득금액은 동일하지만 이중과세조정(=Gross-up)이 되는 배당소득의 경우 해당 과세기간의 총수입금액에 귀속법인세를 가산한 금액을 배당소득금액으로 한다(소법 제17조 제③항 단서).

> **배당소득금액**
> = 배당소득 총수입금액(비과세소득 및 분리과세소득 제외) + 귀속법인세

제4장

배당소득에 대한 이중과세 조정

1. 이중과세조정(Gross-Up)에 대한 개념

개인이 법인에 출자를 하고 주식(지분)을 보유 시 법인의 이익(또는 잉여금)에 대한 배당을 받게 될 경우에 법인단계에서 법인세가 먼저 과세되고, 다시 주주(또는 출자자, 사원) 단계에서 배당소득세가 과세되는 데, 이를 '배당소득에 대한 이중과세'라고 한다.

현행 소득세법에서는 배당소득에 대한 이중과세를 조정하기 위하여 Gross-up(또는 Imputation) 제도를 채택하고 있다. 대부분 국가는 이런 배당소득에 대한 이중과세 조정제도를 두고 있고, 그 방법으로 이중과세문제를 부분적으로 해소하는 부분해소방법과 이중과세 문제를 완전히 해소하는 완전조정방법을 두고 있다.

우리나라의 소득세법은 배당소득에 대한 이중과세 조정을 하기 위하여 배당소득에 대하여 귀속법인세 상당액을 가산(Gross-up)하는 부분조정방법을 채택하고 있으며, 이는 개인인 주주단계에서 소득세를 과세할 경우 해당 배당소득에 대하여 법인세 상당액(=귀속법인세. 주주에게 귀속될 경우 당기순이익 중 법인세로 과세당한 것이라고 추정되는 금액)을 배당소득 총수입금액에 가산하여 소득세를 산출하고 그 귀속법인세를 소득세 산출세액에서 공제(=배당세액공제)하는 방식을 말한다.

이 경우 귀속법인세는 10%의 법인세가 부과되었다고 가정하고 다음과 같이 산출한다.

$$\frac{귀속법인세}{배당소득\ 총수입금액} = \frac{법인세율^*}{1 - 법인세율} = \frac{0.09}{1 - 0.09} = 10\%$$

※ 귀속법인세 = 이중과세조정대상 배당소득 총수입금액 × 10%

| 법인세 최저세율 및 배당소득 Gross-Up 비율 |

사업연도	법인세 최저세율	Gross-up 비율
2023년~	9%	10%
2014년	10%	11%
2013년	10%	11%
2012년	10%	11%
2011년	10%	11%
2010년	10%	12%

2. 배당소득의 형태별 Gross-up 판정

배당소득은 이자소득과 같이 필요경비가 인정되지 않으며, Gorss-Up은 해당 배당소득에 대하여 법인세 과세 여부 및 금융소득 종합과세 기준금액인 2,000만원 초과 여부에 따라 배당소득과 배당소득금액이 동일할 수도 있고, 배당소득에 귀속법인세를 가산하여 배당소득금액이 산출될 경우 배당소득과 배당소득금액은 다를 수 있다. Gross-up 여부에 따른 배당소득금액을 살펴보면 다음과 같다.

Gross-up 여부	배당소득금액
1. Gross-up을 하지 않는 경우	배당소득금액 = 배당소득 총수입금액
2. Gross-up을 하는 경우	배당소득금액 = 배당소득 총수입금액 + 귀속법인세

이와 같이 법인에서 지급된 배당소득에 대하여 배당 재원에 관계없이 Gross-up을 하거나 배당세액공제를 받을 수 있는 것은 아니다. 즉, 배당소득에 대하여 Gross-up을 하기 위해서는 다음의 3가지 요건을 모두 충족해야 한다. 금융소득

종합과세 기준금액인 2,000만원 이하에 해당하는 배당소득은 Gross-up을 하지 않으며, 금융소득 종합과세 기준금액 2,000만원을 초과하는 분에 해당되는 배당소득은 Gross-up 적용된다.

┃Gross-up을 적용하기 위한 요건]

① 내국법인으로부터 받는 배당소득일 것
② 법인세가 과세된 소득을 재원으로 하는 배당소득일 것
③ 종합과세되고 기본세율이 적용되는 배당소득일 것

따라서, 위의 3가지 요건을 모두 충족한 배당소득의 경우에만 이중과세 조정을 하는 것이며, 비과세 배당소득 또는 분리과세되는 배당소득은 이중과세 조정을 하지 않는 것이다. 또한, 법인세가 과세되지 않은 배당소득, 외국에서 받는 배당소득으로서 원천징수되지 않는 배당소득 등에 대해서는 Gross-up을 하지 않는다.

따라서, Gross-up 대상이 아닌 배당소득은 다음과 같다.
① 소각 당시 시가가 취득가액을 초과하거나 또는 자기주식소각이익을 소각일로부터 2년 이내에 자본 전입함에 따라 받는 무상주 의제배당
② 토지의 재평가차액(=재평가세율 1% 해당분) 중 무상주 의제배당
③ 본래 의제배당에 해당하지 않는 잉여금의 자본전입을 함에 있어 법인이 보유한 자기주식 또는 자기출자지분에 대한 주식 또는 출자 가액을 그 법인이 배정받지 못함에 따라 다른 주주, 출자자가 이를 배정받는 경우의 무상주 의제배당

Gross-Up 여부는 배당소득의 종류에 따른 Gross-up 여부를 살펴보면 다음의 표와 같다(소법 제17조 ③).

[배당소득에 대한 Gross-Up 적용 여부]

배당소득의 종류		Gross-up 여부
1. 일반배당	내국법인으로부터 받는 배당, 분배금, 건설이자배당	○
	법인으로 보는 단체로부터 받는 배당 및 분배금	○
	외국법인으로부터 받는 배당 및 분배금	×
	조세회피방지세제규정에 따른 특정외국법인의 배당가능 유보소득 중 내국인이 배당받은 것으로 간주된 금액	×
2. 의제배당	감자, 해산, 합병, 분할로 인한 의제배당	○
	잉여금의 자본전입으로 인한 의제배당	아래 3 (97p). 참조
3. 법인세법에 따라 배당으로 처분된 금액(=인정배당)		○
4. 집합투자기구로부터의이익	자본시장법에 의한 집합투자기구로부터 받는 이익	×
	동업기업 과세특례를 적용받지 않는 사모투자전문회사로부터 받는 배당소득	○
5. 출자공동사업자의 배당소득		×
6. 위와 유사한 소득으로서 수익분배 성격이 있는 것		×
7. 위의 배당소득을 발생시키는 거래, 행위와 파생상품이 결합된 경우 해당 파생상품의 거래, 행위로부터의 이익		×

잉여금의 자본전입으로 인한 의제배당에 대한 Gross-up 여부는 법인세가 과세된 소득을 배당재원으로 하는 지 여부에 따라 달라진다.

-. 자본잉여금 중 법인세가 과세된 잉여금 및 이익잉여금
  의제배당에 해당되고 Gross-up 적용대상이 됨. 다만, 토지재평가차액의 자본전입으로 인한 의제배당은 이중과세 조정(Gross-up)을 하지 않음.
-. 자본잉여금 중 법인세가 과세되지 않은 잉여금은 원칙적으로 의제배당에 해당되지 않으며, Gross-up 또한 적용하지 아니한다. 다만, 자기주식소각이익의 자본전입으로 인하여 받는 무상주(소각 당시 시가가 취득가액을 초과 또는 소각일로부터 2년 이내에 자본전입하는 경우에 한함) 또는 법인이 자기주식을 보유한 상태에서의 자본전입으로 인하여 주주들의 지분비율이 증가한 경우에는 의제배당에 해당되며, Gross-up은 적용하지 아니한다.

3. 잉여금의 자본전입에 따른 의제배당 및 Gross-up 판정

법인의 자본잉여금은 주식발행초과금, 주식의 포괄적 교환차익, 주식의 포괄적 이전차익, 감자차익, 합병차익 및 분할차익, 재평가적립금, 기타 자본잉여금으로 구성되어 있으며, 이익잉여금은 법정적립금, 임의적립금, 처분전이익잉여금 등으로 구성되어 있다.

법인의 자본잉여금 및 이익잉여금을 자본전입하는 경우에 소득세법상으로 의제배당 및 Gross-up 적용 여부에 대한 내용을 살펴보면 다음의 표와 같다.

자본전입의 성격에 따른 분류				의제배당 여부	Gross-up 여부
1. 자본잉여금	주식발행 초과금	일반적인 주식발행초과금		×	×
		채무의 출자전환 시 채무면제이익		○	○
	주식의 포괄적 교환차익			×	×
	주식의 포괄적 이전차익			×	×
	감자차익	일반적인 감자차익		×	×
		자기주식 소각이익	원칙	×	×
			예외*	○	×
	재평가 적립금	3% 적용 재평가적립금		×	×
		1% 적용 재평가적립금		○	×
	기타의 자본잉여금			○	○
2. 법인세가 과세되지 않은 잉여금을 자본전입하는 경우로서 법인이 자기주식을 보유한 상태에서 자본전입함에 따라 주주의 지분비율이 증가한 경우				○	×
3. 이익잉여금	법정적립금, 임의적립금, 처분전이익잉여금			○	○

* 자기주식 소각 당시의 자기주식의 시가가 자기주식의 취득가액을 초과하거나 또는 소각일로부터 2년 이내에 자본전입한 경우에 한함.

지급배당에 대한 소득공제를 적용받는 유동화전문회사·투자회사·투자목적회사·투자유한회사·투자합자회사(사모투자전문회사는 제외) 등의 명목회사·동업기업과세특례를 적용받는 법인이 배당소득을 개인에게 지급하는 경우 해당 배당소득에 대해서는 Gross-up을 적용하지 않는다.(소법 제17조 제③항)

또한, 공장 및 본사를 수도권 외의 지역으로 이전하는 경우 법인세 감면을 적용받는 법인, 법인세 감면을 적용받는 외국인투자법인, 법인세 감면을 적용받는 제주첨단과학기술단지 및 제주투자진흥지구와 제주자유무역지역 입주법인이 개인에게 배당소득을 지급하는 경우 해당 배당소득이 해당 법인의 소득금액 중 감면대상 소득금액이 차지하는 비율에 감면비율을 곱한 금액에 대해서는 Gross-up을 적용하지 않는다.

제5장

금융소득 종합과세

제1절 금융소득 종합과세 개요

 금융소득 종합과세 제도는 2002.08.29. 헌법재판소의 부부별 자산소득 합산 과세 규정의 위헌 결정에 따라 2002.12.18. 부부별 자산소득합산과세 조항이 폐지되었다. 따라서 2002년 귀속분부터는 거주자인 개인에게 귀속되는 이자 및 배당소득의 합계액이 2,000만원(2012년 귀속분까지는 연간 4,000만원)을 초과하는 경우 다른 종합소득과 합산하여 개인별로 종합소득세를 확정 신고 및 납부를 해야 한다(소법 제14조 제③항, 소법 제129조).

 2013.02.15. 소득세법 시행령 개정으로 거주자의 금융소득 종합과세 기준금액이 개인별로 종전 4,000만원 초과금액에서 개인별로 2,000만원 초과금액으로 개정되면서 2013년 귀속분 이자소득 및 배당소득의 연간 합계액이 2,000만원을 초과하는 경우 다른 종합소득과 금융소득을 합산하여 소득세 신고 확정 신고 및 납부를 해야 하는 것이다.

 이와 달리 분리과세되는 이자소득은 원천징수로써 납세의무가 종결되지만, 거주자인 개인에게 귀속되는 이자 및 배당소득 중 비과세 및 분리과세 소득을 제외한 금융소득의 합계액이 연간 2,000만원을 초과하는 경우 2,000만원까지는 원천징수세율인 14%(비영업대금의 이익은 25%)를 적용하고, 연간 2,000만원을 초과하는 금융소득에 대해서는 소득세 과세표준 구간에 따라 6~45%인 소득세 기본세율을 적용하여 금융소득 종합과세 신고 납부를 해야 하는 것이다.

종합과세되는 금융소득금액을 산출하는 경우 다음의 순서대로 하는 것이 금융소득 종합과세에 대한 내용을 이해하는 데 도움이 된다.

① 해당 과세기간에 속하는 이자 및 배당소득 여부, 즉 귀속시기를 먼저 판정해야 한다.
② 무조건 분리과세, 무조건 종합과세, 조건부 금융소득 여부를 판정하여 연간 2,000만원을 초과하는 지 여부를 판정해야 한다.
③ 배당소득 중 Gross-up 적용대상 여부를 판정해야 한다.
참고로, 국내에서 원천징수 되지 않은 비영업대금의 이익, 국내 또는 국외에서 집합투자기구로부터 받는 이익, 국외에서 받는 배당소득 등은 Gross-up을 적용하지 않다.
④ Gross-up 적용대상 배당소득인 경우 Gross-up을 하여 배당소득금액을 산출한다.
⑤ 일반산출세액 및 비교산출세액을 계산하여 둘 중 더 큰 세액을 금융소득 종합과세에 대한 산출세액으로 하면 된다.

거주자인 개인의 경우 연간 2,000만원을 초과하는 이자소득 및 배당소득 등의 금융소득이 있는 경우 금융소득 종합과세를 하지만, 법인의 경우에는 이자 및 배당소득 등의 금융소득이 2,000만원 초과 여부에 관계없이 각 사업연도 소득으로 보아 법인세를 과세한다. 즉, 법인은 금융소득 종합과세를 하지 않고, 소득의 종류에 관계없이 법인세를 과세하는 것이다.

금융소득 종합과세 기준금액 초과여부는 조건부 금융소득 및 무조건 종합과세 금융소득(배당소득은 Gross-up금액과 출자공동사업자의 배당소득은 제외)을 합산하여 판정한다.

이 내용을 도표로 설명하면,

구 분	종합과세되는 금융소득		적용 세율
판정대상금액이 2,000만원 초과하는 경우	조건부 종합과세 금융소득 + 원천징수되지 않은 금융소득(출자공동사업자의 배당소득은 제외)	2,000만원 초과분	다른 종합소득과 합산하여 기본세율 적용
		2,000만원 이하분	14% 세율 적용
판정대상금액이 2,000만원 이하인 경우	원천징수되지 않은 금융소득		14%(비영업대금의 이익은 25%)

1. 금융소득 종합과세에 따른 납세의무자

(1) 거주자

: 자연인인 거주자, 개인으로 보는 법인 아닌 단체

다만, 수익을 구성원에게 배분하지 않는 단체로서 단체명을 표기하여 금융거래를 하는 단체가 「금융실명 거래 및 비밀보장에 관한 법률」 제2조 제1호 각목의 어느 하나에 해당하는 금융회사 등으로부터 지급받는 이자소득, 배당소득은 분리과세한다.

> **금융소득 종합과세는 거주자(비거주자 제외)만 해당됨 (해석편람 1-3-6)**
> 수익을 구성원에게 배분하지 않는 단체(종중, 아파트 관리사무소 등)로서 단체명을 표기하여 금융거래를 하는 이자소득 및 배당소득에 대해서는 14% 세율로 원천징수하고 완납적 원천징수로써 분리과세 하므로 금융소득 종합과세가 해당되지 않는다.

(2) 비거주자

: 이자 및 배당소득의 귀속자가 비거주자인 경우 연간 2,000만원을 초과하는 경우라고 하더라도 원칙적으로 금융소득 종합과세를 하지 않는다. 다만, 국내사업장이 있거나 또는 부동산임대소득이 있는 거주자의 금융소득이 국내 사업장이나 부동산임대소득과 실질적으로 관련이 있는 경우에는 금융소득 종합과세대상이 된다.

국내사업장이 있거나 부동산임대소득이 있는 비거주자에 해당하고 이자소득과 배당소득이 해당 국내사업장 또는 부동산임대소득에 실질적으로 관련되거나 귀속되는 경우 소득세 과세표준과 세액의 계산, 신고 및 납부, 과세표준과 세액의 결정과 징수 등에 대해서는 거주자에 관한 규정을 준용한다.(소법 제112조, 제124조, 제125조)

이 경우「소득세법」제51조 제③항에 따른 인적공제 중 비거주자 본인 외의 자에 대한 공제와 제52조에 따른 특별소득공제, 제59조의2에 따른 자녀세액공제 및 제59조의4에 다른 특별세액공제는 적용하지 아니한다.(소법 제122조)

비거주자에게 국내사업장 또는 부동산임대소득이 있는 경우라고 하더라도 이자소득 및 배당소득이 해당 국내사업장 또는 부동산임대소득에 실질적으로 관련되지 않거나 또는 귀속되지 않은 경우에는 소득에 대한 소득세 원천징수로써 소득세 납세의무가 종결되는 것이다.

2. 금융소득 종합과세에 대한 과세기간

거주자는 당해 과세기간에 국내 및 해외에서 발생한 소득에 대하여 모두 합산하여 소득세 확정 신고 납부를 해야 하므로 이자소득과 배당소득의 연간 합계액이 2,000만원을 초과하는 금융소득이 있는 경우 다른 종합소득과 합산하여 소득세 확정 신고 및 납부를 해야 한다.

거주자 또는 국내 사업장이 있거나 또는 부동산임대소득이 있는 경우 이자소득 및 배당소득이 국내사업장, 부동산임대소득과 실질적으로 관련되어 있거나 귀속되는 경우의 비거주자에 대한 과세기간은 다음과 같다.

가. 원칙적인 과세기간: 매년 01.01. ~ 12.31.
나. 예외적인 과세기간
- 거주자가 사망한 경우: 매년 01.01. ~ 사망일
- 거주자가 해외이민 등의 사유로 출국하는 경우: 매년 01.01. ~ 출국일

제2절 금융소득 종합과세 판단 실무

1. 금융소득 종합과세 대상에서 제외하는 이자소득 및 배당소득

거주자인 개인 또는 비거주자인 개인(국내사업장이 있거나 부동산임대소득이 있는 비거주자에 해당하고 이자소득과 배당소득이 해당 국내사업장 또는 부동산임대소득에 실질적으로 관련되거나 귀속되는 경우에 한함)에게 당해 과세기간에 귀속되는 이자소득과 배당소득의 연간 합계액(비과세 및 분리과세 금융소득은 제외)이 연간 2,000만원을 초과하는 경우 다음해 5월(성실신고대상자는 6월) 말일까지 소득자의 주소지(주소가 없는 경우 거소지) 등에 다른 종합소득과 합산하여 소득세 확정 신고 및 납부를 해야 한다.

금융소득 종합과세는 다음과 같이 1년간의 금융소득에서 비과세 및 분리과세 금융소득을 제외한 금액을 기준으로 연간 2,000만원을 초과하는 금융소득에 대해 소득세 확정 신고 및 납부를 하는 것이다.

> 1년간의 금융소득:
> 이자소득 + 배당소득 - 금융소득 종합과세 제외 금융소득(비과세 및 분리과세 이자소득, 배당소득)
> = 종합과세 대상 금융소득: 금융소득 - 금융소득 종합과세 제외 금융소득

상기의 금융소득 종합과세 제외 금융소득인 비과세 및 분리과세 이자소득 및 배당소득에 대한 내용을 간략하게 기술하고자 한다.

(1) 비과세 금융소득

가. 소득세법에 규정한 비과세 금융소득

① 「공익신탁법」에 의한 공익신탁의 이익
② 장기저축성보험의 보험차익

나. 조세특례제한법에 규정한 비과세 금융소득

① 개인연금저축의 이자소득, 배당소득
② 장기주택마련저축의 이자소득, 배당소득
③ 비과세종합저축의 이자소득, 배당소득
④ 조합 등 예탁금의 이자소득, 출자금에 대한 배당소득
⑤ 재형저축에 대한 이자소득, 배당소득
⑥ 농어가목돈마련저축의 이자소득
⑦ 우리사주조합원이 지급받는 배당소득
⑧ 농협협동조합근로자의 자사출자지분에 대한 배당소득
⑨ 영농조합법인의 배당소득
⑩ 영어조합법인의 배당소득
⑪ 농업회사법인 출자금에 대한 배당소득
⑫ 재외동포전용 투자신탁 등의 배당소득
⑬ 녹색예금, 녹색채권의 이자소득과 녹색투자신탁 등의 배당소득
⑭ 경과규정에 의한 국민주택채권 등 이자소득
⑮ 거주자의 개인종합자산관리계좌(ISA)에서 발생하는 이자소득과 배당소득의 합계액 중 200만원(일반형)과 400만원(서민형)의 금액

(2) 분리과세 금융소득

가. 소득세법에 규정한 비과세 금융소득

① 부동산 경매입찰을 위하여 법원에 납부한 보증금 및 경락대금에서 발생하는 이자소득: 분리과세 세율 14%
② 실지 명의가 확인되지 아니하는 이자소득 및 배당소득: 90%(지급자가 금융회사가 아닌 경우 45%)
③ 만기 10년 이상 장기채권으로서 3년 이상 계속하여 보유 시 분리과세를 신청한 이자와 할인액: 분리과세 세율 30%
④ 직장공제회 초과반환금(1999.01.01. 이후 가입하여 납입하는 분에 한함): 연분연승법에 의한 소득세 기본세율

⑤ 법인 아닌 단체 중 수익을 구성원에게 분배하지 아니하는 개인으로 보는 법인격 없는 단체로서 단체명을 표시하여 금융거래를 하는 단체가 금융회사 등으로부터 받는 이자소득과 배당소득: 분리과세 세율 14%
⑥ 1년간의 금융소득(비과세 및 분리과세 금융소득은 제외)이 개인별로 2,000만원 이하인 경우: 분리과세 세율 14%(비영업대금의 이익은 25%)

나. 조세특례제한법에 규정한 분리과세 금융소득

① 「사회기반시설에 대한 민간투자법」에 따른 사회기반시설채권으로서 발행일로부터 최종 상환일까지의 기간이 7년 이상이고 2014.12.31.까지 발행된 채권의 이자소득: 분리과세 세율 14%
② 영농조합법인으로부터 받는 배당소득: 분리과세 세율 5%
③ 영어조합법인으로부터 받는 배당소득: 분리과세 세율 5%
④ 세금우대종합저축의 이자소득: 분리과세 세율 9%
⑤ 재외동포전용 투자신탁 등으로부터 받는 배당소득: 분리과세 세율 5%
⑥ 집합투자증권의 배당소득에 대한 과세특례: 분리과세 세율 5% 또는 14%
⑦ 고위험고수익투자신탁 등에 대한 이자소득 및 배당소득: 분리과세 세율 14%
⑧ 거주자의 개인종합자산관리계좌(ISA)에서 발생하는 이자소득과 배당소득의 합계액 중 200만원(일반형)과 400만원(서민형)을 초과하는 금액: 분리과세 세율 9%
⑨ 특정사회기반시설(뉴딜 인프라) 집합투자기구 투자자 배당소득: 분리과세 세율 9%
⑩ 투융자집합투자기구 투자자의 배당소득: 분리과세 세율 14%
⑪ 기회발전특구 집합투자기구 투자자의 이자소득 및 배당소득: 분리과세 세율 9%

참고로, 2016.01.01. 이후 선박투자회사로부터 받는 배당소득과 2017.01.01. 이후 해외자원개발투자회사 또는 해외자원개발투자전문회사로부터 받는 배당소득은 조건부 금융소득 과세대상이다.

다. 「금융실명거래 및 비밀보장에 관한 법률」에 규정한 분리과세 금융소득

① 비실명 금융자산으로서 금융회사 등을 통해 지급받는 이자소득 및 배당소득: 분리과세 세율 90%
② 「금융실명거래 및 비밀보장에 관한 법률」에 따라 발행된 비실명채권(고용안정채권, 외국환평형기금채권, 중소기업구조조정채권, 증권금융채권)에서 발생된 이자소득: 2000.12.31.까지는 분리과세 세율 20%, 2001.01.01. 이후부터는 분리과세 세율 15%

* 비실명채권을 매입하거나 매도 시 실명확인과 자금출처 조사가 면제되는 채권으로서 최종 소지가가 실명으로 상환받는 경우에 증여세도 면제된다.

2. 금융소득 종합과세 판정 사례

(1) 개요

개인인 거주자에게 귀속되는 연간 금융소득이 2,000만원을 초과하는 경우, 금융소득 종합과세 판정기준인 2,000만원까지의 금융소득이 어떻게 구성되는 지 여부에 따라 배당소득에 대한 Gross-up 여부가 결정된다.

즉, 금융소득 종합과세 판정기준금액인 2,000만원까지를 이자소득으로만 채울 것인 지 또는 배당소득으로만 채울 것인지, 그렇지 않으면 이자소득과 배당소득을 합산하여 채울 것인 지 그 여부에 따라 Gross-up 적용 대상 배당소득금액이 달라지게 된다.

-. 개인의 연간 금융소득(비과세 및 분리과세소득은 제외)이 연간 2,000만원을 초과하는 경우

개인의 금융소득(비과세 및 분리과세소득은 제외)이 연간 2,000만원을 초과하는 경우 2,000만원 이하의 금융소득에 대해서는 14%의 원천징수세율을 적용하고, 2,000만원을 초과하는 금융소득에 대해서는 다른 종합소득과 합산하여 소득세 기본세율(6~45%)이 적용되도록 하고 있다.

이 경우 소득세 산출세액에서 배당소득 Gross-Up에 따른 배당세액공제를 적용하며, 원천징수된 이자소득세와 배당소득세는 기납부세액으로 차감공제한다.

-. 개인의 연간 금융소득(비과세 및 분리과세소득은 제외)이 연간 2,000만원을 초과하지 않는 경우

개인의 금융소득(비과세 및 분리과세소득은 제외)이 연간 2,000만원 이하인 경우 원칙적으로 원천징수(비영업대금의 이익은 25%)로 소득세 납세의무가 종결된다.

다만, 다음의 금융소득은 개인의 연간 금융소득이 2,000만원 이하라고 하더라도 다른 소득과 합산하여 소득세 확정 신고 및 납부를 해야 한다.

① 국내에서 원천징수 되지 않은 금융소득
② 출자공동사업자로부터 받는 배당소득
③ 국내에서 원천징수 되지 않은 국외에서 받는 금융소득

(2) 금융소득 종합과세 판정 사례

우리나라의 현행 소득세법에서는 종합과세되는 금융소득 중 어떤 소득이 2,000만원을 구성하는 지 그 순서를 규정하고 있으며, Gross-up 적용 대상 배당소득이 금융소득 종합과세 판정 기준금액인 2,000만원 초과분에 포함되도록 이자소득 및 배당소득의 구성 순서를 다음과 같이 정하고 있다.

| ① 이자소득 | → | ② 본래 Gross-up 대상이 아닌 배당소득* | → | ③ 본래 Gross-up 대상인 배당소득* |

* 배당소득은 배당소득 총수입금액을 말하며, 비과세 및 분리과세 배당소득은 제외하며, Gross-up을 하기 전의 금액을 말함

개인인 거주자에게 귀속된 조건부 이자소득 및 배당소득의 합계액이 연간 2,000만원 이하인 경우에는 위의 순서를 따를 필요없이 14%의 원천징수세율을 적용하여 분리과세 되지만, 조건부 이자소득 및 배당소득의 합계액이 연간 2,000만원을 초과하는 경우에는 금융소득 종합과세에 해당되므로 위의 순서를 반드시 따라야 한다.

금융소득 종합과세 판정에 대하여 **사례**를 들어 설명을 하면 다음과 같다.

사례 1 은행예금 이자: 1,000만원, A내국법인으로부터 받은 현금배당: 2,000만원

① 이자소득 →	② 본래 Gross-up 대상이 아닌 배당소득* →	③ 본래 Gross-up 대상인 배당소득*	합 계
10,000,000	-	10,000,000[*1]	20,000,000
-	-	10,000,000[*2]	10,000,000
10,000,000	-	20,000,000	30,000,000

　이자소득 1,000만원과 A법인으로부터 받은 현금배당 2,000만원에 대한 합계액이 3,000만원이며, 금융소득 종합과세 판정 기준금액인 2,000만원을 초과하므로 금융소득 종합과세 대상이 된다. 금융소득 종합과세 구성 순서를 도표로 나타내면,

*1. A내국법인으로부터 받은 현금 배당소득 중 1,000만원은 Gross-Up 적용할 수 없음.
*2. A내국법인으로부터 받은 현금 배당소득 중 1,000만원은 Gross-Up 적용대상이 되며, 배당소득금액은 2,100만원 [=배당소득 10,000,000원 + 배당소득 10,000,000원 + Gross-up 1,000,000원(=1,000만원 × 10%)]임.

사례 2 은행예금 이자: 2,000만원, A내국법인으로부터 받은 현금배당: 1,000만원

　이자소득 2,000만원과 A내국법인으로부터 받은 현금배당금 1,000만원의 합계액이 3,000만원이며, 금융소득 종합과세 판정 기준금액인 2,000만원을 초과하므로 금융소득 종합과세 대상이 된다. 금융소득 종합과세 구성 순서를 도표로 나타내면,

① 이자소득 →	② 본래 Gross-up 대상이 아닌 배당소득 →	③ 본래 Gross-up 대상인 배당소득	합 계
20,000,000[*1]	-	-	20,000,000
-	-	10,000,000[*2]	10,000,000
20,000,000	-	10,000,000	30,000,000

*1. 이자소득 2,000만원은 금융소득 종합과세 기준금액 2,000만원을 먼저 채우게 된다. 따라서 이자소득금액은 2,000만원임.
*2. A내국법인으로부터 받은 현금 배당소득 1,000만원은 Gross-up 적용대상이 되며, 배당소득금액은 1,100만원[=배당소득 1,000만원 + Gross-up 100만원(=1,000만원 × 10%)]임.

사례 3 은행예금 이자: 2,000만원, B집합투자기구로부터 받는 이익: 1,000만원

이자소득 2,000만원과 B집합투자기구로부터 받은 이익(=배당소득) 1,000만원의 합계액이 3,000만원이며, 금융소득 종합과세 판정 기준금액인 2,000만원을 초과하므로 금융소득 종합과세 대상이 된다. 금융소득 종합과세 구성 순서를 도표로 나타내면,

① 이자소득 →	② 본래 Gross-up 대상이 아닌 배당소득*	→	③ 본래 Gross-up 대상인 배당소득*	합 계
20,000,000	0		0	20,000,000
-	10,000,000*1		0	10,000,000
20,000,000	10,000,000		0	30,000,000

*1. 이자소득 2,000만원이 금융소득 종합과세 기준금액 2,000만원을 먼저 채우게 되며, 이자소득금액은 2,000만원, B집합투자기구로부터 받는 이익(=배당소득) 1,000만원은 Gross-up 적용대상이 되지 않으므로, 배당소득금액은 1,000만원(=배당소득 1,000만원 + Gross-up 0원)임.

사례 4 은행예금 이자: 1,000만원, B집합투자기구로부터 받은 이익: 2,000만원

이자소득 1,000만원과 B집합투자기구로부터 받는 이익(=배당소득) 2,000만원의 합계액이 3,000만원이며, 금융소득 종합과세 판정 기준금액인 2,000만원을 초과하므로 금융소득 종합과세 대상이 된다. 금융소득 종합과세 구성 순서를 도표로 나타내면,

① 이자소득 →	② 본래 Gross-up 대상이 아닌 배당소득*	→	③ 본래 Gross-up 대상인 배당소득*	합 계
10,000,000	10,000,000		0	20,000,000
-	10,000,000		0	10,000,000
10,000,000	20,000,000		0	30,000,000

*1. 이자소득 1,000만원과 배당소득 2,000만원 중 1,000만원은 먼저 금융소득 종합과세 기준금액 2,000만원을 채우게 된다. 따라서 이자소득금액은 1,000만원이며, 배당소득 2,000만원 중 1,000만원은 Gross-up 적용대상이 아님으로 배당소득금액은 2,000만원[=배당소득 1,000만원 + 배당소득 1,000만원 + Gross-up 0원)]임.

사례 5 은행예금 이자: 3,000만원, 배당소득: 0

이자소득 3,000만원은 금융소득 종합과세 판정 기준금액인 2,000만원을 초과하므로 금융소득 종합과세 대상이 된다. 금융소득 종합과세 구성 순서를 도표로 나타내면,

① 이자소득 →	② 본래 Gross-up 대상이 아닌 배당소득* →	③ 본래 Gross-up 대상인 배당소득*	합 계
30,000,000[*1]	-	-	30,000,000
-	-	-	-
30,000,000	-	-	30,000,000

*1. 이자소득 3,000만원은 금융소득종합과세 기준금액 2,000만원을 먼저 채우게 되며, 금융소득종합과세 기준금액 2,000만원을 초과하는 이자소득금액은 1,000만원으로서 이자소득금액은 3,000만원이 되는 것임.

사례 6 은행예금 이자: 0, A내국법인으로부터 받은 현금배당: 3,000만원

이자소득은 없으며, A내국법인으로부터 받은 현금배당 3,000만원이 금융소득 종합과세 판정 기준금액인 2,000만원을 초과하므로 금융소득 종합과세 대상이 된다. 금융소득 종합과세 구성 순서를 도표로 나타내면,

① 이자소득 →	② 본래 Gross-up 대상이 아닌 배당소득* →	③ 본래 Gross-up 대상인 배당소득*	합 계
-	-	20,000,000[*1]	20,000,000
-	-	**10,000,000[*2]**	10,000,000
-	-	30,000,000	30,000,000

*1. A내국법인으로부터 받은 현금 배당소득 3,000만원 중 2,000만원은 금융소득 종합과세 판정 기준금액인 2,000만원을 채우므로 Gross-up을 적용할 수 없음.

*2. A내국법인으로부터 받은 현금 배당소득 3,000만원 중 금융소득 종합과세 기준금액이 되는 2,000만원을 차감한 1,000만원은 Gross-up 적용대상이 되며, 배당소득 금액은 3,100만원[=배당소득 2,000만원 + 배당소득 1,000만원 + Gross-up 100만원(=1,000만원 × 10%)]임.

> **사례 7** 은행예금 이자: 0, B집합투자기구로부터 받는 이익: 3,000만원

이자소득은 없으며, B집합투자기구로부터 받은 이익(=배당소득) 3,000만원이 금융소득 종합과세 판정 기준금액인 2,000만원을 초과하므로 금융소득 종합과세 대상이 된다. 금융소득 종합과세 구성 순서를 도표로 나타내면,

① 이자소득 →	② 본래 Gross-up 대상이 아닌 배당소득*	→	③ 본래 Gross-up 대상인 배당소득*	합 계
-	20,000,000[*1]		0	20,000,000
-	10,000,000[*2]		0	10,000,000
-	30,000,000		0	30,000,000

*1. 배당소득 3,000만원 중 2,000만원은 먼저 금융소득 종합과세 기준금액 2,000만원을 채우게 되므로 Gross-Up을 적용할 수 없음.

*2. 법인세가 과세되지 않은 집합투자기구로부터 받은 배당소득임으로 배당소득 전체 금액인 3,000만원은 Gross-up 적용대상이 되지 않음. 배당소득금액은 3,000만원 (=배당소득 2,000만원 + 배당소득 10,000,000원 + Gross-up 0원)임.

위와 같이 배당소득에 대하여 법인세가 과세된 경우와 과세되지 않은 경우 Gross-Up 및 배당소득금액이 달라지므로 금융소득 종합과세 대상자에 대한 소득세 확정 신고 대행 시에 이에 대한 내용을 반드시 확인해야 한다.

국세청에서는 매년 5월경에 소득세 확정 신고와 관련하여 이자 및 배당소득이 연간 2,000만원을 초과하는 거주자에게 금융소득 종합과세 대상자에 대하여 '금융소득 종합과세 안내문' 등을 발송하고 있음으로 종합소득세 확정 신고 기한 내에 다른 종합소득과 합산하여 확정 신고 및 납부를 반드시 해야 한다. 비상장법인의 배당소득에 대해서는 배당재원을 반드시 확인한 이후 Gross-up 여부를 판정해야 한다.

3. 금융소득 종합과세시의 세액계산 특례

일반적으로 금융소득이 없는 경우 개인의 종합소득세 산출세액은 종합소득 과세표준에 기본세율(6~45%)을 곱하여 산정한다. 과세기간에 따른 과세표준 구간별

소득세 세율표(속산표)는 다음과 같다.

2018~2020년 종합소득세		귀속년도 과세표준	2021·2022년 종합소득세		귀속년도 과세표준	2023년~ 종합소득세	
세율	누진공제		세율	누진공제		세율	누진공제
6%		1,200만원 이하	6%		1,400만원 이하	6%	-
15%	108만원	1,200만원 초과 4,600만원 이하	15%	108만원	1,400만원 초과 5,000만원 이하	15%	126만원
24%	522만원	4,600만원 초과 8,800만원 이하	24%	522만원	5,000만원 초과 8,800만원 이하	24%	576만원
35%	1,490만원	8,800만원 초과 1.5억원 이하	35%	1,490만원	8,800만원 초과 1.5억원 이하	35%	1,544만원
38%	1,940만원	1.5억원 초과 3억원 이하	38%	1,940만원	1.5억원 초과 3억원 이하	38%	1,994만원
40%	2,540만원	3억원 초과 5억원 이하	40%	2,540만원	3억원 초과 5억원 이하	40%	2,594만원
42%	3,540만원	5억원 초과 10억원 이하	42%	3,540만원	5억원 초과 10억원 이하	42%	3,594만원
		10억원 초과	45%	6,540만원	10억원 초과	45%	6,594만원

그러나 종합소득금액에 연간 2,000만원을 초과하는 이자 또는 배당소득이 포함되어 있는 경우 금융소득에 대한 종합과세 시 일반적인 기본세율을 적용하여 산출세액을 곧바로 계산하는 것이 아니다.

이 경우 금융소득 종합과세에 따른 세액계산특례가 적용되는 데, 종합과세되는 금융소득이 연간 2,000만원을 초과하는 경우와 종합과세되는 금융소득이 연간 2,000만원 이하인 경우 세액계산 특례가 적용되는 데, 개인의 금융소득이 연간 2,000만원을 초과 시 2,000만원 이하 금융소득은 14%의 원천징수세율을 적용하고, 2,000만원을 초과하는 금융소득에는 과세표준구간에 따라 6~45%의 소득세 기본세율이 적용된다.

(1) 금융소득이 연간 2,000만원을 초과하는 경우 소득세 산출세액

다음 ①, ②중 큰 금액을 종합소득세 산출세액으로 한다.

① 종합과세방식 산출세액:

(종합소득과세표준 - 2,000만원) × 기본세율 + (2,000만원 × 14%)

② 분리과세방식 산출세액:

[(종합소득과세표준 - 금융소득금액^{*1}) × 기본세율 + (금융소득 총수입금액^{*2} × 14%(비영업대금의 이익은 25%)]

*1. 금융소득금액은 이자소득금액과 배당소득금액[=배당소득 + 이중과세 조정액(Gross-Up)]의 합계액임.

*2. 금융소득 총수입금액: 이자소득 및 배당소득에서 비과세 및 분리과세 소득은 제외한 것이며, 배당소득의 경우 이중과세조정(Gross-Up)을 하기 전의 금액임.

여기에서 ①의 종합과세방식 산출세액은 종합과세되는 금융소득이 금융소득 종합과세 기준금액인 2,000만원을 초과하는 경우 소득세 부담이 급격히 증가하는 것을 방지하기 위하여 금융소득 2,000만원까지는 14%의 원천징수세율을 적용하여 과세하고, 2,000만원을 초과하는 금융소득에 대해서는 6~45%(2018~2020년 귀속분까지는 최고세율 42%)로 과세한다는 것을 의미한다.

②의 분리과세방식 산출세액은 금융소득이 모두 분리과세 되었다고 가정하고 계산한 세액이 종합소득세 산출세액의 최저한이 되도록 하는 것을 의미한다. 이는 금융소득을 종합과세하는 경우에 소득세 최저세율이 6%이고, 원천징수세율 14%(비영업대금의 이익은 25%)인 경우에는 오히려 원천징수된 세액을 환급해야 하는 문제가 발생되는 것을 방지하기 위함이다. 따라서 금융소득이 종합과세되는 경우에 적용되는 최저세율을 원천징수세율인 14%를 적용하겠다는 의미이다.

이는 이자 및 배당소득이 있는 경우 최소한 원천징수세율인 14% 이상의 세율을 적용하여 종합과세를 하기 위함이며, 금융소득의 종합과세에 따른 세율이 원천징수세율인 14% 이하인 경우라고 하더라도 금융소득에 대한 세액은 환급을 받을 수 없다.

종합소득금액에 연간 2,000만원 초과하는 금융소득 중 배당소득에 배당가산액(Gross-Up)이 포함되어 있는 경우 일정액을 다음과 같이 배당세액공제 적용을 한다.

-. 금융소득 종합과세 시 배당세액공제 방법
종합소득금액에 배당가산액(Gross-Up)이 있는 배당소득금액이 합산되어 있는 경우에는 소득세 산출세액에서 배당세액공제를 다음 ①, ② 중 작은 금액을 적용한다.

> 배당세액공제액 = 다음 중 적은 금액(①, ②)
> ① 배당가산액
> ② 종합소득 산출세액 - [금융소득 이외의 종합소득에 대한 산출세액 + 원천징수세율을 적용한 금융소득 산출세액(분리과세시의 산출세액)]

-. 배당가산액은 귀속연도별로 다음과 같다.
  ① 2009.01.01.~2010.12.31.까지 귀속분: 12%
  ② 2011.01.01.~2023.12.31.까지 귀속분: 11%
  ③ 2024.01.01. 귀속분부터 ~: 10%

> **종합과세되는 금융소득이 있는 경우의 결손금 공제(소득세 집행기준 45-0-4)**
> 결손금 및 이월결손금 공제 시 종합과세되는 이자소득, 배당소득 중 원천징수세율을 적용받는 부분은 결손금 또는 이월결손금의 공제대상에서 제외하며, 기본세율 적용받는 부분에 대해서는 사업자가 그 소득금액의 범위 내에서 공제 여부 및 공제금액을 결정할 수 있다.

개인에게 이자소득 및 배당소득의 금융소득이 연간 2,000만원 이하인 경우에 다음의 산식을 적용하여 소득세 산출세액을 적용하는 것이다.

(2) 금융소득이 연간 2,000만원 이하인 경우 소득세 산출세액

소득세 산출세액
= (종합소득 과세표준 - 금융소득금액) × 기본세율 + (금융소득 총수입금액
× 14%, 비영업대금의 이익은 25%)

이는 원천징수 되지 않은 금융소득 있는 경우 연간 2,000만원 이하인 경우에도 종합소득 과세표준에 합산하기 위함이다. 무조건 종합과세 대상 금융소득은 소득금액 여부에 관계없이 다른 종합소득과 합산하여 과세된다.

4. 금융소득 종합과세 계산 사례

2025년 귀속 이자소득, 배당소득, 부동산임대소득에 대한 소득자료는 다음과 같다.

[소득 발생자료]

(1) 2025.01.01.~2025.12.31.까지 발생한 종합소득
  ① 비과세종합저축의 이자소득: 5,000,000원
  ② 비영업대금의 이익: 20,000,000원
  ③ 은행 적금 이자: 15,000,000원
  ④ 집합투자기구로부터 받은 배당소득: 10,000,000원
  ⑤ 법인세 과세된 상장법인 배당소득: 20,000,000원
  ⑥ 부동산임대 사업소득금액: 50,000,000원
(2) 종합소득공제: 7,000,000원

2025년 귀속 금융소득 종합과세에 따른 소득세 산출세액과 배당가산액 및 배당세액공제액을 산출하시오.

[금융소득 종합과세에 따른 소득세 산출세액 계산]

○ 금융소득 종합과세 대상 금융소득 (3) = (1) - (2)
(1) 금융소득 = ① 비과세종합저축의 이자소득: 5,000,000원 + ② 비영업대금의 이익: 20,000,000원 + ③ 은행 적금 이자: 15,000,000원 + ④ 집합투자기구로부터 받은 이익: 10,000,000원 + ⑤ 법인세 과세된 상장법인 배당소득: 20,000,000원
= 70,000,000원
(2) 종합과세 제외 금융소득: ① 비과세종합저축의 이자소득: 5,000,000원
(3) **종합과세 대상 금융소득: 65,000,000원**(=금융소득 70,000,000원 - 종합과세 제외 금융소득 5,000,000원)

  ○ **연간 종합과세 대상 금융소득 65,000,000원**: 금융소득 종합과세 기준금액 2,000만원 초과 금융소득에 해당함으로 다른 종합소득과 합산하여 소득세 확정신고 납부대상에 해당된다.
  ○ 금융소득 기준금액은 ② 비영업대금의 이익 20,000,000원이 먼저 적용되며, 2,000만원 초과 금융소득 구성은 ③ 은행 적금 이자: 15,000,000원 → ④ 집합투자기구로부터 받은 배당소득: 10,000,000원 → ⑤ 법인세 과세된 상장법인 배당소득: 20,000,000원의 순서로 적용된다.
   * 배당가산액(Gross-Up): ④ 집합투자기구로부터 받은 배당소득: 10,000,000원은 법인세가 과세되지 않음으로 배당가산액이 적용되지 않으며, ⑤ 법인세 과세된 상장법인 배당소득: 20,000,000원에 대해 **배당가산액 2,000,000원**을 가산하여 산출하는 것이다.
   따라서, 2025년 귀속 금융소득 종합과세대상 이자소득금액은 35,000,000원(=②+③)이며, 배당소득금액은 32,000,000원(=④+⑤+ 배당가산액), 합계 67,000,000원이다.
  ○ 종합소득세 산출세액 = 다음 중 큰 금액: ㉠, ㉡
   ㉠ **종합과세방식 산출세액**
   = [(금융소득 종합과세 기준금액 초과 금융소득 + 배당가산액 + 다른 종합소득금액 - 종합소득공제)] × 기본세율 + (금융소득 종합과세 기준금액 × 원천징수세율)

= (45,000,000원 + 2,000,000원 + 50,000,000 - 7,000,000원) × 38%
             +(20,000,000 × 14%)
           = 16,060,000 + 2,800,000
           = **18,860,000**
         ⓒ 분리과세방식 산출세액
           = (금융소득 외의 다른 종합소득금액 - 종합소득공제) × 기본세율 + (금융소득
             × 14%(비영업대금은 25%)
           = (50,000,000 - 7,000,000) × 15% + [(20,000,000 × 25%) +
             (45,000,000 ×14%)]
           = 5,190,000 + 5,000,000 + 6,300,000
           = 16,490,000
○ **종합소득세 산출세액: 18,860,000원**
   · 배당세액공제액 = 다음 중 적은 금액: ⓐ, ⓑ
      ⓐ 배당가산액: 2,000,000 (=20,000,000 × 10%)
      ⓑ 종합소득 산출세액 - [금융소득 이외의 종합소득에 대한 산출세액 +
        원천징수세율을 적용한 금융소득 산출세액(분리과세시의 산출세액)]
        = 18,860,000 - 16,490,000
        = 2,070,000
따라서, 배당세액공제액은 2,000,000원이 된다.

이자소득 지급명세서 및 배당소득 지급명세서

1. 이자소득 및 배당소득 지급명세서 제출

(1) 이자소득 지급명세서, 배당소득 지급명세서 제출의무자

국내에서 이자소득 또는 배당소득에 해당하는 소득금액 또는 수입금액을 지급하는 자는 이자소득 지급명세서, 배당소득 지급명세서를 원천징수의무자의 관할세무서 등에 제출해야 한다.

- 원칙적인 제출기한

  이자소득, 배당소득 등의 소득금액 또는 수입금액을 국내에서 지급하는 자(=원천징수의무자)는 그 지급일이 속하는 해의 다음해 2월 28일(윤년의 경우 2월 29일)까지 원천징수의무자의 관할세무서장에게 제출해야 한다.

- 예외적인 제출기한

  이자소득, 배당소득 등의 소득금액 또는 수입금액을 국내에서 지급하는 자(=원천징수의무자)가 휴업 또는 폐업하는 경우 휴업일 또는 폐업일이 속하는 달의 다음 다음 달 말일까지 이자소득 지급명세서, 배당소득 지급명세서를 원천징수의무자의 관할세무서장에게 제출해야 한다.

(2) 지급명세서 제출방법

이자소득 지급명세서, 배당소득 지급명세서는 성명(또는 상호), 주민등록번호 또는 사업자등록번호 등의 인적사항과 주소지(소재지), 소득 종류, 귀속연월, 지급연월, 지급금액, 소득세 원천징수세액, 지방소득세 특별징수세액 등을 기재하여 국세청 홈택스 서비스 시스템(=hometax.go.kr)에 전자제출 또는 디스켓 등 전자적 정보저장매체로 제출해야 한다.

다만, 직전 과세기간에 제출한 지급명세서의 매수가 50매 미만 또는 상시근로자의 수(매월 말일의 현황에 의한 평균인원수를 말함)가 10인 이하인 경우 그 지급명세서를 문서로 제출할 수 있다.

그러나, 국가 및 지방자치단체, 금융보험업자, 법인, 소득세법상 복식부기의무자는 지급명세서의 매수 및 상시근로자 10인 이하 여부에 불구하고 의무적으로 전자제출 또는 전자적 정보저장매체로 제출을 해야 하는 것이다.

2. 지급명세서 관련 가산세

(1) 지급명세서 미제출 가산세

이자소득, 배당소득 지급명세서를 제출해야 할 자가 세법상의 제출기한까지 미제출한 경우 지급명세서 미제출가산세를 부과한다.

-. 지급명세서를 그 제출기한까지 제출하지 아니한 경우(=미제출): 제출하지 아니한 분의 지급금액의 1%(제출기한이 경과 후 3개월 내에 제출하는 경우 그 지급금액의 0.5%)

(2) 지급명세서 불분명 가산세

이자소득, 배당소득 지급명세서를 제출해야 할 자가 세법상의 제출기한까지 제출하였으나 제출된 지급명세서가 불분명하거나 또는 제출된 지급명세서에 기재된 지급금액이 사실과 다른 경우 지급명세서 불분명가산세를 부과한다.

-. 지급명세서를 세법상의 제출기한까지 제출하였으나 제출된 지급명세서가 불분명 또는 제출된 지급명세서에 기재된 지급금액이 사실과 다른 경우(=불

분명): 불분명하거나 사실과 다르게 지급금액이 기재된 경우 그 금액의 1%
* 지급명세서가 불분명한 경우: 지급명세서에 지급자 또는 소득자의 성명(또는 상호), 주소, 납세자번호(주민등록번호, 사업자등록번호), 소득의 종류, 귀속연도, 지급금액 잘못 기재 등 지급사실을 확인할 수 없는 경우를 말함.

다만, 납세번호를 부여받은 자 또는 사업자등록증의 교부를 받은 자에게 지급한 금액 또는 지급한 금액으로서 지급 후에 그 지급받은 자의 소재가 불명된 것이 확인된 금액은 지급명세서 불분명금액에서 제외한다.

3. 원천징수영수증의 발급

(1) 원천징수영수증의 의무발급

원천징수의무자가 국내에서 이자소득, 배당소득을 지급 시 소득을 지급받는 자에게 원천징수를 해야 하며, 이자소득 원천징수영수증 또는 배당소득 원천징수 영수증을 발급해야 한다.

이 경우 원천징수의무자는 소득자의 실지 명의를 확인(주민등록증, 운전면허증, 공무원증 등)하고 원천징수영수증을 교부해야 하는 것이다.

(2) 원천징수영수증 교부특례(소법 제133조, 소령 제193조)

원천징수의무자가 소득을 지급한 날이 속하는 해의 다음해 3월 31일까지 이자소득 또는 배당소득을 받는 자에게 이자소득, 배당소득의 합계액, 원천징수세액 명세 및 원천징수의무자의 사업자등록번호와 그 상호(또는 법인명), 사업자등록번호 등을 기재하거나 통보 시에 다음의 ①, ②에 해당하는 경우 원천징수 영수증을 발급한 것으로 본다.

① 금융회사 등이 이자소득, 배당소득을 받는 자의 통장, 금융거래명세서에 그 지급내용, 원천징수의무자의 사업자등록번호 등을 기재하여 통보한 경우

② 금융회사 등이 이자소득, 배당소득의 소득자로부터 신청을 받아 그 지급내용, 원천징수의무자의 사업자등록번호 등을 우편, 전자적 전송매체로 통보하는 경우

(3) 원천징수영수증 발급 면제

원천징수의무자의 이자소득 또는 배당소득 지급액이 계좌별로 연간 100만원 이하인 경우에는 이자소득 또는 배당소득 원천징수영수증을 발급하지 않을 수 있다.

4. 금융소득 본인통보제도

(1) 개요

개인 또는 법인 등의 소득자에게 금융소득을 지급하는 금융회사 등은 국세청에 이자소득 또는 배당소득 지급명세서를 지급한 해의 다음해 2월 28일(윤년의 경우 2월 29일)까지 원천징수의무자의 관할세무서장에게 제출해야 하는 것과 별도로 계좌를 개설한 예금주에게 금융소득의 종류, 발생소득액 및 원천징수세액 등의 원천징수상황을 통보하는 제도를 말한다.

국내에서 개인 또는 법인에게 이자소득, 배당소득을 지급하는 금융회사 등은 의무적으로 통보해야 한다.

(2) 통보 방법

이자소득, 배당소득을 지급하는 개인 또는 법인 등에게 지급하는 원천징수의무자인 금융회사의 상호 및 사업자등록번호, 소득자의 1년간의 금융소득액, 원천징수세액 등을 기재하여 우편, 통장기재, 정보통신망 등을 통해 소득자에게 연1회(또는 수시) 통보 시 이자소득 또는 배당소득 원천징수영수증을 발급한 것으로 간주한다.(소법 제133조, 소령 제193조)

제7장

예금자 보호법에 대한 이해

1. 예금자 보호금융상품의 원금과 이자

○ 예금자 보호대상 보호금융상품의 원금과 소정의 이자를 합산하여 1인당 1억원(2025.08.31.까지는 5,000만원)까지 보호된다.

　-. 예금자보호대상: 은행(농협은행, 수협은행, 외국은행 국내지점도 포함), 보험회사(생명보험회사, 손해보험회사), 투자매매업자, 투자중개업자, 종합금융회사, 상호저축은행 등 예금보험 가입 금융회사 취급하는 보호대상 금융상품을 말한다.
　　농협 및 수협 지역조합, 신용협동조합, 새마을금고, 우체국은 개별 법령에 근거하여 자체 지급 등으로 보호되고 있다.

　-. 보호대상 금융상품
　　모든 금융상품에 대해서 예금자보호한도가 적용되는 것은 아니며, 예금보험 가입 금융회사가 취급하는 예금이나 적금, 퇴직연금 등 일부 금융상품만 예금자보험 금융상품에 해당된다.
　　① 보호대상 금융상품: 예금, 적금, 원본이 보전되는 금전신탁 등 원칙적으로 만기일에 원금 지급이 보장되는 금융상품만을 보호한다.
　　② 비보호 금융상품: 금융투자상품, 실적배당형상품, 증권사 CMA, 후순위채권, 변액보험의 주계약(최저보증은 제외) 등은 보호대상에서 제외된다.

또한, 정부, 지방자치단체(국공립학교 포함)가 예치한 예금의 경우 보호되지 않는다.

특히, 비트코인, 이더리움 등의 가상자산, 선불충전금 P2P사 및 유사수신업자 등은 예금자보험대상에 해당하지 않음에 유의해야 한다.

-. 소정의 이자란? 금융회사의 약정이자와 부보금융회사의 1년 만기 정기예금 또는 이에 준하는 금융상품의 평균이자율을 고려하여 예금보험공사가 결정하는 이자 중 적은 금액을 말한다.

-. 보험계약은 해약환급금(또는 만기 시 보험금)에 기타지급금을 합한 금액이 1인당 1억원까지 보호된다.

2. 금융회사별 예금자 보호 금융상품과 비보호 금융상품

(1) 예금자 보호 금융상품

┃ 금융회사별 예금자 보호 금융상품 ┃

구분	예금자 보호 금융상품
은행	-. 요구불예금: 보통예금, 기업자유예금, 별단예금, 당좌예금 등 -. 저축성예금: 정기예금, 저축예금, 주택청약예금, 표지어음 등 -. 정기적금, 주택청약부금, 상호부금 등 적립식예금, 외화예금 -. 예금자보호대상 금융상품으로 운용되는 확정기여형퇴직연금제도(DC), 개인형퇴직연금(IRP)의 적립금 및 중소기업퇴직연금기금에 편입된 금융상품 중 예금보호대상으로 운용되는 금융상품 -. 개인종합자산관리계좌(ISA)에 편입된 금융상품 중 예금보호대상으로 운용되는 금융상품 -. 원본이 보전되는 금전신탁 등
투자매매업자, 투자중개업자	-. 증권의 매수 등에 사용하지 않고 고객 계좌에 현금으로 남아있는 금액 -. 자기신용대주담보금, 신용거래계좌 설정보증금 등의 현금 잔액 -. 예금보호대상 금융상품으로 운용되는 확정기여형퇴직연금(DC) 및 개인 형퇴직연금(IRP)의 적립금 -. 개인종합자산관리계좌(ISA)에 편입된 금융상품 중 예금보호 대상으로 운용되는 금융상품 -. 원본이 보전되는 금전신탁 등

구분	예금자 보호 금융상품
	-. 증권금융회사가「자본시장과 금융투자업에 관한 법률」제330조 제①항에 따라 예탁받은 금전
보험회사	-. 개인이 가입한 보험계약, 퇴직보험, 변액보험계약 특약 -. 변액보험계약 최저사망보험금, 최저연금적립금, 최저중도인출금, 최저종신중도인출금 등 최저보증 -. 예금보호대상 금융상품으로 운용되는 확정기여형퇴직연금제도(DC) 및 개인형퇴직연금(IRP)의 적립금 및 중소기업퇴직연금기금에 편입된 금융상품 중 예금보호대상으로 운용되는 금융상품 -. 개인종합자산관리계좌(ISA)에 편입된 금융상품 중 예금보호대상으로 운용되는 금융상품 -. 원본이 보전되는 금전신탁 등
종합금융회사	-. 발행어음, 표지어음, 어음관리계좌(CMA) 등
저축은행	-. 보통예금, 저축예금, 정기예금, 정기적금, 신용부금, 표지어음 -. 상호저축은행중앙회 발행 자기앞수표 등 -. 예금보호대상 금융상품으로 운용되는 확정기여형퇴직연금제도(DC) 및 개인형퇴직연금제도(IRP)의 적립금[1] -. 개인종합자산관리계좌(ISA)에 편입된 금융상품 중 예금보호대상으로 운용되는 금융상품

*1. 저축은행이 부보금융회사로부터 조달하여 예금보호대상 금융상품으로 운용하는 경우

(2) 예금자 비보호 금융상품

[금융회사별 예금자 비보호 금융상품]

구분	예금자 보호 금융상품
은행	-. 양도성예금증서(CD), 환매조건부채권(RP) -. 금융투자상품(수익증권, 뮤추얼펀드, MMF 등) -. 특정금전신탁 등 실적배당형 신탁, 개발신탁 -. 은행 발행 채권 -. 주택청약저축, 주택청약종합저축[1] -. 확정급여형 퇴직연금제도(DB)의 적립금
투자매매업자,	-. 금융투자상품(수익증권, 뮤추얼펀드, MMF 등)

구분	예금자 보호 금융상품
투자중개업자	-. 선물, 옵션거래 예수금, 청약자 예수금, 제세금예수금, 유통금융대주 담보금 -. 환매조건부채권(RP), 증권사 발행채권 -. 증권사 종합자산관리계좌(CMA), 랩어카운트, 주가지수연계증권(ELS), 주식워런트증권(ELW), 주가연계파생결합사채(ELB) 등 -. 원본이 보전되는 금전신탁 등 -. 초대형IB 발행어음, 금현물거래예탁금 등 -. 확정급여형 퇴직연금제도(DB)의 적립금
보험회사	-. 보험계약자 및 보험료납부자가 법인인 보험계약 -. 보증보험계약, 재보험계약 -. 변액보험계약 주계약(최저사망보험금, 최저연금적립금, 최저중도인출금, 최저종신중도인출금 등 최저보증은 제외) -. 확정급여형 퇴직연금제도(DB)의 적립금
종합금융회사	-. 금융투자상품(수익증권, 뮤추얼펀드, MMF 등) -. 환매조건부채권(RP), 기업어음(CP), 양도성예금증서(CD), 종금사 발행채권 등
저축은행	-. 저축은행 발행채권(후순위채권 등) -. 확정급여형 퇴직연금제도(DB)의 적립금

*1. 주택도시기금에 의해 정부가 별도로 관리함(주택도시기금법 제14조 제②항)

[붙임1] 장기채권 이자소득 분리과세 신청서

[붙임2] 이자소득, 배당소득 지급명세서

■ 소득세법 시행규칙 [별지 제21호의4서식] <개정 2013.2.23>

장기채권 이자소득 분리과세 신청서

접수번호	접수일	관리번호	처리기간	즉시

신청인	① 성 명		② 주민등록번호	
	③ 주 소			

(단위 : 원)

신 청 내 용

일련번호	④ 채권종목	⑤ 채권번호	⑥ 보유기간	⑦ 3년이상 보유 여부	⑧ 상환기간	⑨ 상환기간 10년이상 여부	⑩ 매입일부터 3년이 지난 후에 발생한 분리과세신청 이자소득
1			~ . .		~ . .		
2			~ . .		~ . .		
3			~ . .		~ . .		
4			~ . .		~ . .		
5			~ . .		~ . .		
6			~ . .		~ . .		
7			~ . .		~ . .		
8			~ . .		~ . .		
9			~ . .		~ . .		
10			~ . .		~ . .		

「소득세법 시행령」 제187조제2항 본문의 규정에 따라 장기채권이자소득에 대한 분리과세를 신청합니다.

년 월 일

신청인 (서명 또는 인)

귀하

유 의 사 항

※ 보유기간에 대한 입증방법은 「소득세법 시행령」 제102조제8항 각 호의 방법에 따릅니다.

210mm×297mm[백상지 80g/㎡ 또는 중질지 80g/㎡]

■ 소득세법 시행규칙 [별지 제23호서식(1)] <개정 2025. 3. 21.> [시행일: 2025. 7. 1.] 조각투자상품에 관한 부분

[ ] 이자·배당소득 원천징수영수증
[ ] 이자·배당소득 지급명세서

[ ] 소득자 보관용
[ ] 발행자 보관용
[ ] 발행자 보고용

※ 제2쪽, 제3쪽의 작성방법을 읽고 작성하여 주시기 바라며, [ ]에는 해당되는 곳에 √표를 합니다. (4쪽 중 제1쪽)

접수번호		접수일		관리번호		처리기간	즉시

징수의무자	① 법인명(상호)		①-1 영문법인명(상호)		② 대표자(성명)		③ 사업자등록번호
	④ 주민(법인)등록번호		⑤ 소재지 또는 주소				

소득자	⑥ 성명(상호)		⑦ 주민(사업자)등록번호		⑦-1 비거주자 생년월일		⑧ 소득자 구분코드
	⑨ 주 소		⑩ 거주구분		⑪ 거주지국	⑪-1 거주지국코드	⑫ 계좌번호 (발행번호)	⑬ 신탁이익 여부
			[ ] 거주자	[ ] 비거주자				[ ] 여 [ ] 부

지급명세

⑭ 지급일				⑮ 귀속연월		⑯ 과세구분	⑰ 소득의 종류	⑱ 조세특례 등	⑲ 금융상품코드	⑳ 유가증권표준코드 (유가증권발행사업자등록번호)	㉑ 채권이자 구분	㉒ 지급대상기간	㉓ 이자율 등	㉔ 지급액 (소득금액)	㉕ 세율 (%)	원천징수세액				
연	월	일		연	월											㉖ 소득세	㉗ 법인세	㉘ 지방소득세	㉙ 농어촌특별세	㉚ 계

위의 원천징수세액(수입금액)을 정히 영수(지급)합니다.

년   월   일

징수(보고)의무자   (서명 또는 인)

세무서장 귀하

유 의 사 항

※ ⑯ 과세구분란의 코드가 "E, L, H, R, O, B, N"인 경우 종합소득과세표준을 계산할 때 합산하지 않으며, "G"인 경우「소득세법」제17조제3항 단서(Gross-up)의 적용대상 배당소득에 해당합니다.
※ ⑰ 소득의 종류가 "11~49"인 경우 이자소득, "51~99"인 경우 배당소득입니다.
※ ⑳ 유가증권표준코드란은 유가증권표준코드가 없는 경우 소득이 발생한 유가증권을 발행한 사업자의 사업자등록번호 등을 적습니다(제3쪽의 작성방법 참고).
※ 「조세특례제한법」제21조(국제금융거래에 따른 이자소득 등에 대한 법인세 등의 면제)제1항제1호에 따라 소득세 또는 법인세를 면제하고, 「법인세법 시행령」제162조의2제1항제1호가목에 따라 지급명세서를 제출할 때, 국외에서 발행하는 외화표시채권의 이자 및 수수료를 외국에 소재하는 국제증권예탁결제기관 등을 통해 지급하면서 외국의 개인정보 보호 규제 등에 따라 최종적으로 소득을 지급받는 자(비거주자, 외국법인 등)의 인적사항 등을 파악할 수 없는 경우에는 이에 대한 기재를 생략하거나, 확인되는 중간 지급자를 소득자로 대신 기재하여 제출할 수 있습니다.

210mm×297mm[백상지80g/㎡ 또는 중질지80g/㎡]

제7장 예금자 보호법에 대한 이해

(4쪽 중 제2쪽)

작성방법

1. 서식제목: 해당 자료(이자·배당소득 원천징수영수증 또는 이자·배당소득 지급명세서)명 [ ]안에 "√"표시를 하며, 관리번호란에는 적지 않습니다.
2. ① 법인명(상호)란: 징수의무자가 법인인 경우에는 법인명을 적고, 개인사업자인 경우에는 상호를 적습니다.
3. ①-1 영문법인명(상호)란: 지급받는 자가 비거주자(외국법인을 포함합니다)인 경우에 한정하여 징수의무자의 법인명(상호)을 영문으로 적습니다.
4. ② 대표자(성명)란: 대표자 및 사업자의 성명을 적습니다.
5. ③ 사업자등록번호란: 사업자등록번호를 적습니다.

실 지 명 의 구 분		명 의	번 호	코 드
개인	내국인	주민등록번호 부여자	성 명	주민등록번호	111
		주민등록번호 미부여자	성 명	의료보호증관리번호	112
	재외국민 및 외국인 등	재외국민등록증 소유자	성 명	재외국민등록번호	122
		외국인등록증 소유자	성 명	외국인등록번호	131
		주민등록증(재외국민) 소유자	성 명	주민등록번호	123
		국내거소신고증 소유자	성 명	국내거소신고번호	141
		기타	성 명	여권번호, 거주지국의 납세번호	121
법인	국내 사업자등록번호(법인으로 보는 단체의 경우 고유번호)가 부여된 내국·외국 법인		법인명	사업자등록번호(고유번호)	211
	국내 사업자등록번호가 미부여된 외국법인		법인명	거주지국의 납세번호	222
				(또는)	
				법인식별기호	231
단체	개인단체	개인단체 고유번호 부여자	단체명	고유번호	311
	외국단체		단체명	외국단체등록번호 또는 거주지국의 납세번호	321
	기타임의단체	개인으로 보는 단체	대표자성명(단체명)	대표자 주민등록번호	331
기타	비거주 외국인(단체)인 증권거래자		성명, 단체명	투자등록증 고유번호	411
	투자기업설립을 위한 외국인(단체)		성명, 단체명	관련문서번호	413
명의 또는 번호 등이 빈칸 또는 비실명인 경우				빈칸	999

6. ④ 주민(법인)등록번호란: 징수의무자가 법인인 경우에는 부동산등기용 법인등록번호를 적고, 개인인 경우에는 사업자의 주민등록번호를 적습니다. 다만, 소득자보관용에는 적지 않습니다.
7. ⑤ 소재지 또는 주소란: 징수의무자의 본점(사업장)소재지를 적고, 사업장이 없는 경우에는 주소지를 적습니다.
8. ⑥ 성명(상호)란: 소득을 지급받는 자의 성명을 적고, 소득을 지급받는 자가 법인인 경우에는 법인명을 적습니다. 다만, 외국인은 성명을 영문으로 적되, 여권에 기록된 영문성명 전부를 적어야 합니다. 외국법인인 경우에는 상호 등 명칭을 영문으로 적되, 머리글자(Initial)를 적지 않고 정식 명칭 전부를 적습니다. 일반적으로 머리글자를 사용하는 경우에는 머리글자 뒤에 괄호로 정식 명칭 전부를 적습니다.
9. ⑦ 주민(사업자)등록번호란: 아래의 표를 참조하여 적습니다.

구 분		기 재 번 호
(1)	원 칙	주민등록번호 또는 사업자등록번호
(2)	(1)의 기재번호를 부여받지 않은 경우	[개인] 국내거소신고증상의 국내거소신고번호(외국국적동포인 경우) 또는 외국인등록표상의 외국인등록번호(외국인인 경우)를 적고, 그 번호가 없는 경우 여권상의 여권번호를 적습니다.
(3)	(1),(2)의 기재번호를 부여받지 않은 경우	투자등록증상의 투자등록번호를 적고, 그 번호가 없는 경우 해당 거주지국의 납세번호(Taxpayer Identification Number) 또는 법인식별기호(LEI)를 적습니다.

10. ⑦-1의 생년월일란: 주민등록번호, 국내거소신고번호 또는 외국인등록번호가 없어 여권번호 등을 적은 경우에는 반드시 생년월일을 적어야 합니다. (예: 생년월일이 2006년 1월 1일인 경우는 "20060101"을 적습니다.)
11. ⑧ 소득자구분코드란: 이자·배당소득을 지급받는 자의 유형을 구분하기 위한 것으로서 아래의 표를 참조하여 적습니다.
12. ⑨ 주소란: 주소가 외국인 경우 번지(Number), 거리(Street), 시(City), 도(State), 우편번호(Postal Zone), 국가(Country)순으로 영문으로 적습니다. 우편사서함을 적지 않습니다.
13. ⑩ 거주구분란: □안에 "√"표시를 하여 거주자와 비거주자를 구분합니다.
14. ⑪ 거주지국과 ⑪-1 거주지국코드란: 소득자가 비거주자(외국법인을 포함합니다)에 해당하는 경우에만 적으며, 국제표준화기구(ISO)가 정한 국가별 ISO코드 중 국명약어 및 국가코드를 적습니다. 다만, 소득자의 거주지가 말레이시아 라부안인 경우에는 라부안 코드(사전승인을 받은 경우에는 LM, 사전승인을 받지 않은 경우에는 LN)를 적습니다.
15. ⑫ 계좌번호(발행번호)란: 숫자만 적고, 저축과 같이 반복적인 금융거래를 위하여 금융회사별로 부여된 고유관리번호(계좌번호)에 의하여 소득자의 거래명세를 확인할 수 있는 기능을 갖고 있는 번호를 적습니다(배당소득 및 비영업대금의 이익을 소득자의 금융계좌에 입금시키는 경우에는 소득자의 금융계좌번호를 적습니다). 이자·배당소득자가 채권·주권 등을 실물로 보유하는 경우 해당 채권등의 발행번호를 수록하며, 채권등의 종류, 발행일, 이자지급일이 동일하고 보유 수량이 다량인 경우에는 대표발행번호를 적습니다.
16. ⑬ 신탁이익 여부란: "[ ]"안에 "√"표시를 하여 「소득세법」 제4조제2항 각 호 외의 신탁의 이익에 해당하는지 여부를 구분합니다.

210mm×297mm[백상지80g/㎡ 또는 중질지80g/㎡]

(4쪽 중 제3쪽)

작성방법

17. ⑭ 지급일란: 이자·배당소득을 지급하는 날짜를 적으며, 「소득세법」 제131조가 적용되는 경우에는 해당 일자를 적습니다.

18. ⑮ 귀속연월란: 이자·배당소득을 지급받은 자의 「소득세법 시행령」 제45조 및 제46조에 따른 이자·배당소득의 수입시기를 적습니다.

19. ⑯ 과세구분, ⑰ 소득의 종류, ⑱ 조세특례 등란: 지급하는 이자·배당소득의 과세유형 및 소득의 종류, 적용되는 조세특례 등을 구분하기 위한 것으로 아래의 표를 참조하여 적고, 아래 표 중 ⑯ 과세구분의 개인 분리과세란은 분리과세로 납세의무가 종결되는 경우에만 적습니다

⑯ 과세구분

비과세, 면제	개인						법인					과세제외 (「소득세법」상 미열거 소득 /법인세법상 납세의무 없는 법인 소득)
	분리과세				종합과세		원천징수 대상소득 (소액 부징수 포함)	원천징수대상 외의 소득				
	저율 과세 (<14%)	고율 과세 (>14%)	비실명	일반 세율 (14%)	기본 세율 (6~45%)	일반 과세	일반과세 (Gross-up)		비과세, 면제	투자 신탁재산 귀속 소득	신탁 재산 귀속 소득	그 밖의 원천 징수대상 외 의 소득	
							기타 세율	일반 과세					
E	L	H	R	O	B	T	D	G	C	X	F	I	W	N

⑰ 소득의 종류

이자소득(11~49)		배당소득(51~99)	
국가·지방자치단체가 발행한 채권·증권의 이자와 할인액 (소득세법 §16①1)	11	내국법인 배당·분배금, 건설이자의 배당 (소득세법 §17①1)	51
내국법인이 발행한 채권·증권의 이자와 할인액 (소득세법 §16①2)	12	법인으로 보는 단체로부터 받는 배당·분배금 (소득세법 §17①2)	52
국내에서 받는 예금(적금·부금·예탁금 등 포함)의 이자 (소득세법 §16①3)	13	의제배당 (소득세법 §17①3, 법인세법 §16)	53
신용계·신용부금으로 인한 이익 (소득세법 §16①4)	14	「법인세법」에 따라 배당으로 처분된 금액 (소득세법 §17①4)	54
외국법인 국내지점 등의 회사채의 이자와 할인액 (소득세법 §16①5)	15	집합투자기구로부터의 이익 (소득세법 §17①5)	55
외국법인이 발행한 채권·증권의 이자와 할인액 (소득세법 §16①6)	16	외국법인 배당·분배금, 건설이자의 배당, 이와 유사한 성질의 배당 (소득세법 §17①6)	56
국외에서 받는 예금의 이자 (소득세법 §16①7)	17	「국제조세조정에 관한 법률」 제27조에 따라 배당받은 것으로 간주된 금액 (소득세법 §17①7)	57
환매조건부 매매차익 (소득세법 §16①8)	18	「국제조세조정에 관한 법률」 제13조 및 제22조에 따라 배당으로 처분된 금액 (소득세법 §119 2호, 법인세법 §93 2호)	58
저축성보험의 보험차익(10년 미만 등) (소득세법 §16①9)	19		
저축성보험의 보험차익(계약기간 10년 이상) (소득세법 §16④8)	20	출자공동사업자의 손익분배비율에 해당하는 금액 (소득세법 §17①8)	59
직장공제회 초과반환금 (소득세법 §16①10)	21		
비영업대금의 이익 (소득세법 §16①11)	22	주가연계증권 (소득세법 시행령 §26의3①1, ELS)	60
채권대차거래에 따른 이자상당액 (소득세법 시행령 §26④)	23	기타 파생결합증권 (소득세법 시행령 §26의3①2, DLS)	61
환매조건부채권매매거래에 따른 이자상당액 (법인세법 시행령 §114의2②)	24	주식대차거래에 따른 배당상당액 (소득세법 시행령 §26의3②)	62
그 밖에 금전사용에 따른 대가로서의 성격이 있는 것 (소득세법 §16①12)	25	그 밖에 수익분배의 성격이 있는 것 (소득세법 §17①9)	63
이자소득을 발생시키는 상품과 결합된 파생상품의 이익 (소득세법 §16①13)	26	배당소득을 발생시키는 상품과 결합된 파생상품의 이익 (소득세법 §17①10)	64
외국법인의 이자소득으로 상기 이외에 대금의 이자 및 신탁의 이익 (법인세법 §93 1호)	27	상장지수증권 (소득세법 시행령 §26의3①3, ETN)	65
		금전이 아닌 재산의 신탁계약에 의한 수익권이 표시된 수익증권 (조각투자상품)으로부터의 이익 (소득세법 §26의3의3)	66
		「소득세법 시행령」 제26조의3제9항 각 호의 요건을 모두 갖춘 투자계약증권 (조각투자상품)으로부터의 이익 (소득세법 §17①5의4)	67

210mm×297mm[백상지80g/㎡ 또는 중질지80g/㎡]

제7장 예금자 보호법에 대한 이해

⑱ 조세특례 등

조세특례 등을 적용받지 않고 원천징수한 경우	NN	벤처투자조합등에 지급하는 배당소득(조특법 §14④)		PA
		벤처투자조합등이 조합원에 지급하는 배당소득(조특법 §14④)		PB
소기업·소상공인 공제부금(조특법 §86의3)	SB	공공차관 도입에 따른 과세특례(조특법 §20①)		PC
장기주택마련저축(조특법 §87)	SC	외국인투자에 대한 법인세 등의 감면(조특법 §121의2③)		PD
주택청약종합저축(조특법 §87)	SD	외화표시채권의 이자(조특법 §21①1)		PE
농어가목돈마련저축(조특법 §87의2)	SE	외국환업무취급기관의 외화채무에 대한 이자(조특법 §21①2)		PF
선박투자회사 배당(조특법 §87의5)	SF	금융기관 국외발행(매각) 외화표시어음과 예금증서의 이자(조특법 §21①3)		PG
부동산집합투자기구·부동산투자회사 배당(조특법 §87의6)	SG	비거주자등의 정기외화예금에 대한 이자소득세 비과세(조특법 §21의2①)		PU
비과세종합저축(조특법 §88의2)	SH	사회기반시설채권 이자(조특법 §29)		PH
우리사주조합 배당(조특법 §88의4⑨)	SI	영농조합법인 배당(조특법 §66②,③)		PI
농협 근로자의 자사지분 배당(조특법 §88의4⑩)	SJ	영어조합법인 배당(조특법 §67②,③)		PJ
조합 등 출자금(조특법 §88의5)	SK	농업회사 배당(조특법 §68④)		PK
세금우대종합저축(조특법 §89)	SL	동업기업에 지급하는 소득 중 법인세 납세의무가 있는 동업자에 귀속되는 소득		PL
조합 등 예탁금(조특법 §89의3)	SM	동업기업에 지급하는 소득 중 법인세 납세의무가 없는 동업자에 귀속되는 소득		PM
재외동포전용 투자신탁(조특법 §91의12)	SU	「신탁법」 제65조에 따른 공익신탁의 이익(소득세법 §12 1)		PN
재형저축(조특법 §91의14)	SW	발행일~상환약정일이 10년 이상으로 분리과세 신청한 장기채권(구 소법 §129①1가, 조건부채권 제외) * 근거법조항 중 "구"는 「소득세법」(2017.12.19., 법률 제15225호로 개정되기 전의 것)에 따른 조항을 의미합니다.		PO
고위험고수익투자신탁(조특법 §91의15)	SX	법원에 납부한 보증금 및 경락대금 이자소득(소득세법 §129①1)		PP
개인종합자산관리계좌(조특법 §91의18)	SZ	실지명의가 확인되지 않는 소득(소득세법 §129②2본문)		PQ
청년우대형 주택청약종합저축(조특법 §87)	TA	금융실명거래 및 비밀보장에 관한 법률에 따른 비실명 소득(소득세법 §129②2 단서)		PR
장병내일준비적금(조특법 §91의19)	TB	외국소득세액을 뺀 금액을 원천징수한 경우(소득세법 §129④)		PS
공모부동산집합투자기구 집합투자증권 배당(조특법 §87의7)	TC	외국법인의 국채등 이자소득에 대한 법인세 비과세(법인세법 §93의2)		PV
청년희망적금(조특법 §91의21)	TD	해외채권으로 "PO"와 "PS"가 동시에 적용되는 경우		PW
청년도약계좌(조특법 §91의22)	TE	비거주자·외국법인에 대하여 조세조약에 따라 제한세율을 적용한 경우		PT
개인투자용 국채(조특법 §91의23)	TF	비거주자·외국법인에 대하여 조세조약에 따라 비과세·면제된 경우		PY
		거주자·내국법인에 대하여 조세조약에 따라 국내에서 과세되지 않는 경우		PZ
		특정사회기반시설 집합투자기구 투자자에 대한 과세특례(조특법 §26의2)		QA
		투융자집합투자기구 투자자에 대한 과세특례(조특법 §27)		QB
		기타		ZZ

작성방법

(4쪽 중 제4쪽)

20. ⑲ 금융상품코드란: 국세청에서 정한 금융상품코드표를 참조하여 적습니다.
21. ⑳ 유가증권표준코드란: 「소득세법」 제46조(외국법인의 경우에는 「법인세법」 제98조의3제1항)에 따른 채권등의 이자 또는 「소득세법」 제17조제1항에 따른 배당소득의 원천징수에만 한국거래소, 한국예탁결제원 및 한국금융투자협회에서 부여한 증권 등 관련 상품코드를 적으며, 유가증권표준코드를 부여받지 않은 경우에는 유가증권발행사업자의 사업자등록번호를 적습니다[외국법인 발행 유가증권으로 유가증권표준코드가 없는 경우 해당 국가코드(2자리)와 관리번호(현지 부여번호 등, 10자리)를 적음]. 다만, 「공직자윤리법」 제14조의6에 따라 백지신탁중인 주식은 유가증권표준코드가 아닌 백지신탁코드(BLINDTRUST)를 기입하고, 백지신탁계약이 해지된 이후에 해당 유가증권표준코드를 기재하여 수정 제출합니다.
22. ㉑ 채권이자구분란: 「소득세법」 제46조(외국법인의 경우에는 「법인세법」제98조의3)에 따른 채권등의 이자의 원천징수인 경우에만 아래와 같이 구분하여 적습니다.

보유기간원천징수 적용 채권등	00	채권등의 이자지급기간 중 매입·매도 시 또는 채권등의 이자지급 시 원천징수한 보유기간 이자상당액
의제원천징수 적용 채권등 ('95.12.31.이전 또는 '01.7.1. ~ '05.6.30. 사이에 취득한 채권의 이자로서 '05.7.1. 이후 최초로 지급받거나, 매도하는 경우 등)	55	구 「소득세법」(법률 제7319호로 개정되기 전의 것) 제46조제7항에 따른 낮은 세율이 적용되는 채권 등으로 금융회사 등이 환급세액을 대신 지급하는 경우
	66	채권등의 이자등을 지급받는 경우 이자등 지급총액[구 「소득세법 시행령」[대통령령 제18705호로 개정되기 전의 것) 제102조 제11항 제2호]
	77	구 「소득세법」(법률 제7319호로 개정되기 전의 것) 제46조제2항에 따라 채권등의 중도매도 시 원천징수한 것으로 보는 보유기간이자상당액[구 「소득세법 시행령」(대통령령 제18705호로 개정되기 전의 것) 제102조 제11항 제1호]
	88	구 「소득세법」(법률 제7319호로 개정되기 전의 것) 제46조제3항(외국법인의 경우 「법인세법」 제98조의3제1항)에 따른 높은 세율 적용 시 원천징수한 보유기간이자상당액[구 「소득세법 시행령」(대통령령 제18705호로 개정되기 전의 것) 제102조 제11항 제1호]
	99	채권등의 이자등을 지급받는 경우에는 해당 채권등의 보유자의 보유기간이자상당액 [구 「소득세법 시행령」(대통령령 제18705호로 개정되기 전의 것) 제102조 제11항 제2호]

※ 채권이자구분란에 "66"을 적는 경우에는 해당 보유자의 채권등의 보유기간 이자상당액을 "99"로 반드시 적어야 합니다.

23. ㉒ 지급대상기간란: 이자·배당소득 계산 시 사용된 이자·배당소득의 지급대상이 되는 기간을 적습니다. 다만, 집합투자기구로부터의 이익 및 「소득세법 시행령」 제26조의3(파생결합증권)에 따른 배당소득 외의 배당소득의 경우에는 적지 않습니다.
24. ㉓ 이자율 등란: 「소득세법」 제127조제1항제1호 및 제2호에 따른 이자소득 및 배당소득(같은 법 제17조제1항제5호에 따른 집합투자기구로부터의 이익만 해당함) 계산 시 사용된 이자율(할인율, 만기보장수익률 등) 및 「소득세법 시행규칙」 제13조에 따른 좌(주)당 배당소득금액(투자신탁의 경우 1,000좌당 배당소득금액)을 적습니다(㉒지급대상기간에 원금, 이자율 등의 변동이 있는 경우 지급하는 이자소득을 해당 소득 지급 당시의 최종 원금으로 나눈 비율에 100을 곱한 숫자를 연환산하여 소수점 5자리까지 적습니다).
25. ㉕ 세율란: 실제 세액계산 시 적용된 원천징수세율을 적습니다(소액 부징수로 세액이 "0"인 경우에도 0%가 아닌 적용된 세율 등).
26. ㉖ 소득세·㉗ 법인세·㉘ 지방소득세 및 ㉙ 농어촌특별세란은 원단위 이하는 적지 않으며, 소액 부징수(거주자인 경우 배당소득 1천원 미만, 내국법인인 경우 이자·배당소득 1천원 미만을 말합니다)에 해당하는 경우에는 세액을 "0"으로 적습니다.

금융소득 세무

발행일 : 2025년 9월	
저　자 : 이용연 (e-mail: lyytax@naver.com)	
감　수 : 김진기, 이형춘	
발행인 : 구 재 이	저 자 와
발행처 : 한국세무사회	협의하에
주　소 : 서울시 서초구 명달로 105(서초동)	인지생략
등　록 : 1991.11.20. 제21-286호	
TEL. 02-597-2941　　FAX. 0508-118-1857	
ISBN 979-11-5520-206-7　부가기호 93320	

〈이 책의 내용을 한국세무사회의 허락없이 무단복제 출판하는 것을 금합니다.〉
본서는 항상 그 완전성이 보장되는 것은 아니기 때문에 실제 적용할 경우에는
충분히 검토하시고 저자 또는 전문가와 상의하시기 바랍니다.

정가 9,000원